「周波数」を上げる教科書

世界一わかりやすい 望む現実を創る方法

エネルギーコンサルタント
まきろん

徳間書店

幸せな人生を送るために最も大切なことは、
あなたがどのようなレベルの周波数を
放っているのかということです。
どのような周波数を放っているかによって、
あなたの人生の幸福度が決まります。

あなたが勇気を出して
「見えないエネルギーを使って、
世界を創っていく！」と決めた時から、
宇宙は素晴らしい出来事を次々と
起こしてくれるようになります。

素粒子には、「今この瞬間に、過去や未来が
同時に存在する」という性質があります。

今の周波数によって体験する現実から抜け出し、
「望む未来の自分」がいる次元に移動しましょう。

周波数が高い状態で、「意図」を乗せた素粒子を拡散させること。

そして、時には人やネットワークなどの力を借りながら、たくさんのフィールドに自分のエネルギーの情報を伝えていくこと。それが、あなたが素敵な人に出会うための秘訣なのです。

はじめに――あなたは愛という高い周波数を放つ存在です

はじめまして、エネルギーコンサルタントの「まきろん」と申します。

私は今、エネルギーや周波数についてのセミナーを開催し、多くの方にエネルギーの法則を使ったコンサルを行っています。私生活では、主人と共に二人の赤ちゃんを育てるママでもあります。年齢は20代後半で、スピリチュアルなジャンルで仕事をする人たちの中では、かなり若い世代になると思います。

私は物心ついた頃から、霊体やUFOのような不思議な存在を感じることができる能力と、エンパシーという他人の心の中で思っていることがわかる能力を持っていました。このような能力だけではなく、幼少期は言葉に宿っている不思議な力を体験することが多い子供でした。

ある時、外で気分よく過ごしている日に、「今日の私は運がついている！」と声に出してみたところ、いきなり私の頭に鳥のフンが落ちてきたことがありました（笑）。それと同じように、「今日は本当に不幸だわ」と呟《つぶや》いた瞬間に、上から大きな荷物が落ちてきてけがをしたこともありました。

こうした不思議なことが多発する幼少期を過ごす中で、**「私たちの言葉や想いには、とてつもない力があること」「目に見えている世界だけがすべてではないこと」**を、身をもって体験していました。

しかし、このような不思議な力があるものの、機能不全家庭という複雑な家庭環境で育つ子供でもありました。この環境の影響もあり、幼少期の私の放っていた周波数は、「恐れ」や「悲しみ」という低い周波数でした。私の人生はとても低い周波数からスタートしたのです。

その当時の私は、エネルギーと周波数の仕組みについて理解できていないこともあり、あらゆるネガティブな環境を引き寄せながら生活していました。また、霊的な体質もよい側面だけではなく、ネガティブな側面として作用することも多々ありました。

そんな私が15歳になった頃、ある一つの転機が訪れたのです。

その転機とは、はじめてハイヤーセルフという高次元の自分と呼ばれる存在とのコンタクトが起きたことでした。そのハイヤーセルフは、いわゆるアカシックレコードという人生の流れがすべて記録されている世界に私を連れていき、そこで**「人生は一瞬の選択ですべてを変えることができる」**という宇宙の法則について教えてくれたのです。

そこから、不思議な存在達による宇宙の法則についての勉強が本格的にスタートしました。実生活では、親元を離れて施設で過ごしていた私は、人の心の仕組みについて、深くのめり込んでいきました。

このような探究をしていく中で、たびたびワンネス（すべての人間やあらゆるものが一つのものとして繋《つな》がっていること）と呼ばれる体験があり、それによって私たちは「愛」という高い周波数を放つ姿が本質であるということを知ったのです。

今、周波数というエネルギーの法則を学んだことで、私の人生は見違えるほど幸せなものになりました。ずっと持ちたいと思っていた安心できる素敵な家族、豊かさなど、満ち足りた生活を送ることができるようになりました。

それだけではなく、私が感じているエネルギーの法則について、それを人々にお伝えする役割もいただくことになりました。

私は、あなたがもし過去の私のように、どん底の人生を経験しているとしても**「絶対に大丈夫だよ！」**ということを、本書を通していちばん強くお伝えしたいと思っています。エネルギーを意識し、愛という高い周波数を放つことで、人生は間違いなく好転していきます。

世界は今、大きな転換期を迎えています。２０２０年を境に時代が大きく転換していくとスピリチュアルの分野で語られていたことが、まさに今、実生活の中で起きていることを感じている人もいらっしゃるのではないでしょうか。

私は、この大きな時代の変化を通して、これまで私たち人間が当たり前だと感じていた、「世界の見方」を変える時が来ていると思っています。

宇宙から、**「本来のスピリチュアリティに基づいた見方へと、シフトしていきなさい」**という強いメッセージを投げかけられているのです。

本書は、「科学的・スピリチュアル的に、私たちはエネルギー体である」という視点から、自分のエネルギーを高い周波数に整えることによって、現実を変える方法を実践的にお伝えしています。

科学的根拠と、私が内なる叡智《えいち》からチャネリングした情報を織り交ぜながら書かせていただいている部分もあります。

エネルギーと周波数を意識した新しい生き方は、あなたの現実が幸せになるだけではなく、この時代の移行期の中で、とても大切な視点の一つとなると思っています。

さあ、これまでの固定観念や思考を脱ぎ捨て、愛というエネルギー体だったことを思い出し、望む世界へ、周波数を合わせていきましょう！

第2章 自分を癒し浄化して、高い周波数を維持しよう！

第3章　高い周波数で、あり余る豊かさを受け取る方法【お金編】

第4章　幸せな未来の周波数をキャッチして、望む仕事を手に入れる方法【仕事編】

第5章 周波数の力を使って、幸せな恋愛を体験する方法【パートナーシップ編】

構成／有島伶
プロデュース／了戒翔太
有島伶
装丁／三瓶可南子
絵／しんやゆう子
写真／丸山嘉嗣
本文イラスト／森海里
校正／麦秋アートセンター
組版／㈱キャップス

第1章

これからは周波数の時代
周波数があなたを幸せにする！

まずは、一緒に見えない世界を体感してみよう！

あなたは、この世界には目には見えないエネルギーが存在している、ということについてどのように考えていますか？

この本を手に取ってくださった方の中には、エネルギーの世界を信じています！という方と、実はちょっと疑っているんだけどな……という方がいらっしゃるかもしれませんね。

まずは、本当にエネルギーがあるのかどうか、今から実際に「目には見えないエネルギー」を一緒に体感してみませんか？

見えないエネルギーを感じてみましょう

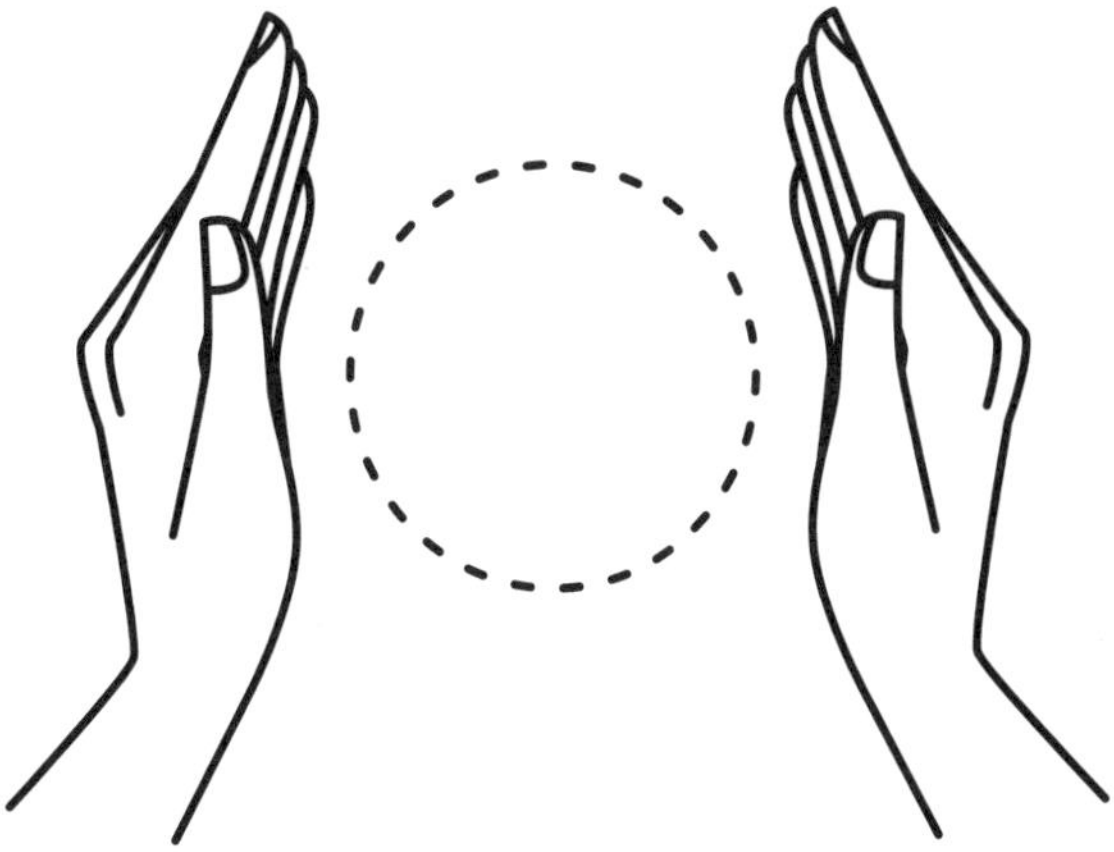

まずは楽に椅子にでも座っていただいて……

手のひらを30回ほど、こすり合わせてみましょう！

1、2、…30回。

そして、手のひらと手のひらの間に、直径15センチくらいのボールが一つあるような空間をあけます。

すると、なんだか手のひらの内側に、「もわもわ～」としたあったかい感覚がありませんか？

人によっては、ピリピリと感じる人もい

らっしゃるかもしれませんね。
この「もわもわ〜」とあったかく感じるものが、いわゆるエネルギーというものです。

そして、あなたに感じていただいたこのあったかいエネルギーを、どんどん細かくしていくと……。それがすべての物質の最小単位である素粒子、というものになります。

ここで、おもしろい実験をやってみましょう！

今からもう一度、手のひらを30回ほどこすり合わせてみてください。
その時に、「愛しているよー！」と愛情を込めながら、こすり合わせてみてください。

そして、先ほどと同じようにボール一つ分の隙間をあけて、両手を内側に向けた時に、どのような感覚がありますか？

あれ？　さっきよりもよりあったかい感じがする……という人もいれば、なんだかピンクや真っ白な光を手の間に感じる人もいるかもしれません。

この感覚こそ、愛という高いエネルギーの感覚です。

あなたが「愛しているよー！」と思いを込めることによって、素粒子にはその情報が記録されます。

そうすると、あなたの手の中には、「愛」という情報が込められたエネルギーができ上がるのです！

では、今度は逆に、「ムカつくな……」という思いを込めながら、両手を30回ほどこすり合わせてみましょう。

そして、また同じように両手を内側に向けて、手のひらの間にあるエネルギーを感じていただくと、どのような感覚がしますか？

さっきと比べて重たい感じがする……という方や、冷ややかな体感がある方もいらっしゃるかもしれませんね。繊細な方は「ムカつく」という想いを込めることすら、抵抗が出ているかもしれません。

この感覚こそ、「ムカつく」という低いエネルギーの感覚なのです。

このように、自分がどういう想いを持つかによって、同じエネルギーでも体感が変わってきたと思います。

これが素粒子のいちばん大切な性質である「観測者（あなた）によって、素粒子の姿が変わる」ということなのです。

さらに、もう少し見えないエネルギーを感じてみましょう！

あなたが先ほど作った「愛」という情報が込められたエネルギーを、自分の好きな家族や友人、またはペットをイメージして、その人々に向かって実際に投げる動作をしましょう。ふわっと軽く、温かなエネルギーを投げることができるのを、敏感な方は感じると思います。

一方で、「ムカつく」と思いながら作り上げたエネルギーは、なんだかズーンとして重たい感じがある人や、人に投げるなんて抵抗がある……と感じる人がほとんどだと思います。

このように「愛」という高い周波数を持つエネルギーは、とても軽やかで細やかな振動のため、エネルギーが一直線に伝わっていきます。そのエネルギーは「ビューン」とひとっ飛びで相手に伝わります。

しかし、「ムカつく」という低い周波数を持つエネルギーは、とても重くて粗い振動なので、エネルギーがずんと重たく、遠くまで飛ばすことは難しくなるのです。

この実験で、あなたは「愛」という気持ちの時と、「ムカムカ」という気持ちの時で、全然違うエネルギーを放っているんだな……と体感していただけたと思います。

こんなふうに、私たちは目には見えないエネルギーというものと簡単に触れ合うことができますし、その力を無意識に扱いながら普段生活しているのです。

さあ、これから目には見えないエネルギーのレッスンが始まります。

あなたが目には見えないエネルギーの世界を知ることで、**「えー！　エネルギーを使うことで、こんなにも幸せになれるんだ！」**と、これからの生き方が一変していくことでしょう。

おもしろいエネルギーの世界の扉を開いてみましょう！

幸せになるためのエネルギーポイント

☆私たちは、無意識のうちに目に見えないエネルギーを扱っている
☆あなたがどのような想いを持つかによって、素粒子の姿が変わる

エネルギーとは何か？　周波数とは何か？

はじめに、エネルギーや周波数とはいったい何なのか？　という定義について、簡

単にお話しします。

エネルギーとは、この世界に存在しているありとあらゆるものを創り出す力のことです。

私たち人間や物質もエネルギーからできています。そして、私たち人間を細かくミクロ化していくと、原子になり、最後は素粒子になります。その素粒子は常に振動していて、**この振動を波動と呼びます。**

波動が1秒間に何回振動しているかが、周波数です。単位はヘルツです。

周波数には様々なレベルがあり、高い周波数や低い周波数に分けることができます。

私たち人間は、様々な感情や思考によって、その感情や思考に対応する様々なレベルの周波数の波動を放っています。

そして、幸せな人生を送るために最も大切なことは、あなたがどのようなレベルの

周波数を放っているのかということです。どのような周波数を放っているかによって、あなたの人生の幸福度が決まります。

周波数を知ることが、あなたの人生を幸せへと導いてくれるのです。

幸せになるためのエネルギーポイント

☆エネルギーとは、この世界に存在するあらゆるものを創り出す力
☆波動とは、素粒子の振動のこと
☆周波数とは、波動が1秒間に何回振動しているかの回数
☆自分が放つ周波数のレベルによって、幸福度が決まる

幸せになるために、エネルギーと周波数の仕組みを知ろう！

これから、あなたが幸せな人生を送るために必要なエネルギーの仕組みを詳しく説明します。エネルギーと周波数の仕組みを知ることで、あなたの望む現実を創ることができるようになります。

量子力学の世界では、私たち人間や物質を細かくミクロ化していくと、素粒子で構成されていると定義されています。素粒子の中でも特に、私たち人間に大きな影響のある素粒子は、光子（フォトン）と呼ばれています。

素粒子は、ありとあらゆるものを創り出す力、つまりエネルギーなのです。

また、**素粒子は、「波であり粒」である、**という二つの性質をあわせ持っています。

波動と素粒子の性質

波　動	素粒子
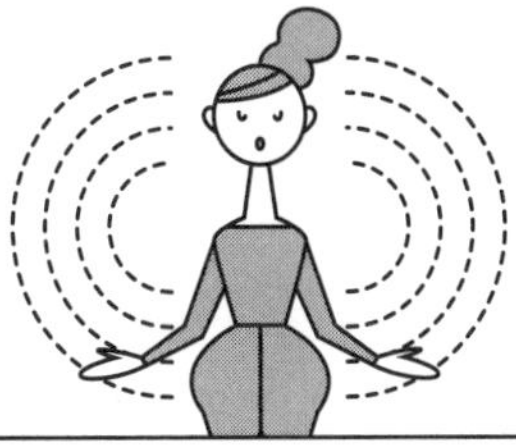	
素粒子の 波の性質	粒であり 波である
たくさんの情報を 運ぶことができる	観察することで 形を変える

波の性質は波動と呼ばれていて、その中に様々な情報を入れて伝達し合っています。また、粒の部分は、私たちが認識できる確定したもの、いわゆる現実であるといえばわかりやすいでしょうか。

そして、素粒子は私たちの物ごとの見方や想いによって、どういう粒（現実）になるのかを変えることができます。

つまり、この世界は、私たちが現実に対してどう捉えるか、どのような想いを持つかによって、体験する現実を変えることができるのです。

私たちは、常に様々なエネルギーを放っています。**そのエネルギーは自分を中心として360度、シャボン玉のように私たちの周りを取り囲んでいます。**私たち人間を取り囲むこのエネルギーのことをトーラスエネルギーと呼びます。

さらに、このトーラスエネルギーは、あなたの情報が記録されたたくさんの素粒子

エネルギーはトーラス構造で流れる

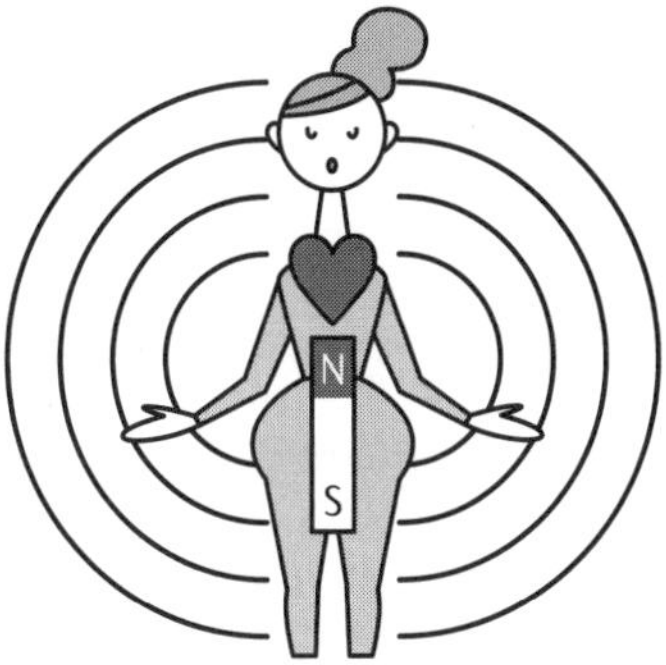

私たちは心臓を中心に360度エネルギーを出している。
N極とS極のように、自分の出したエネルギーは自分で受け取るようになる。

が集まってできています。あなたの過去や未来の情報もこのトーラスエネルギーに保存されているため、誰かがあなたのトーラスエネルギーに触れるだけで、その情報を読み取ることも可能です。この手法をスピリチュアルの分野では、「リーディング」と呼んでいます。

素粒子の波動が、1秒に何回振動するかが周波数（ヘルツ）です。

周波数は、その振動回数に応じて高い周波数、低い周波数に分けられています。

例えば、あなたが高い声を出した時は、波動の振動回数が増えるので、周波数は高

周波数はどんな波？

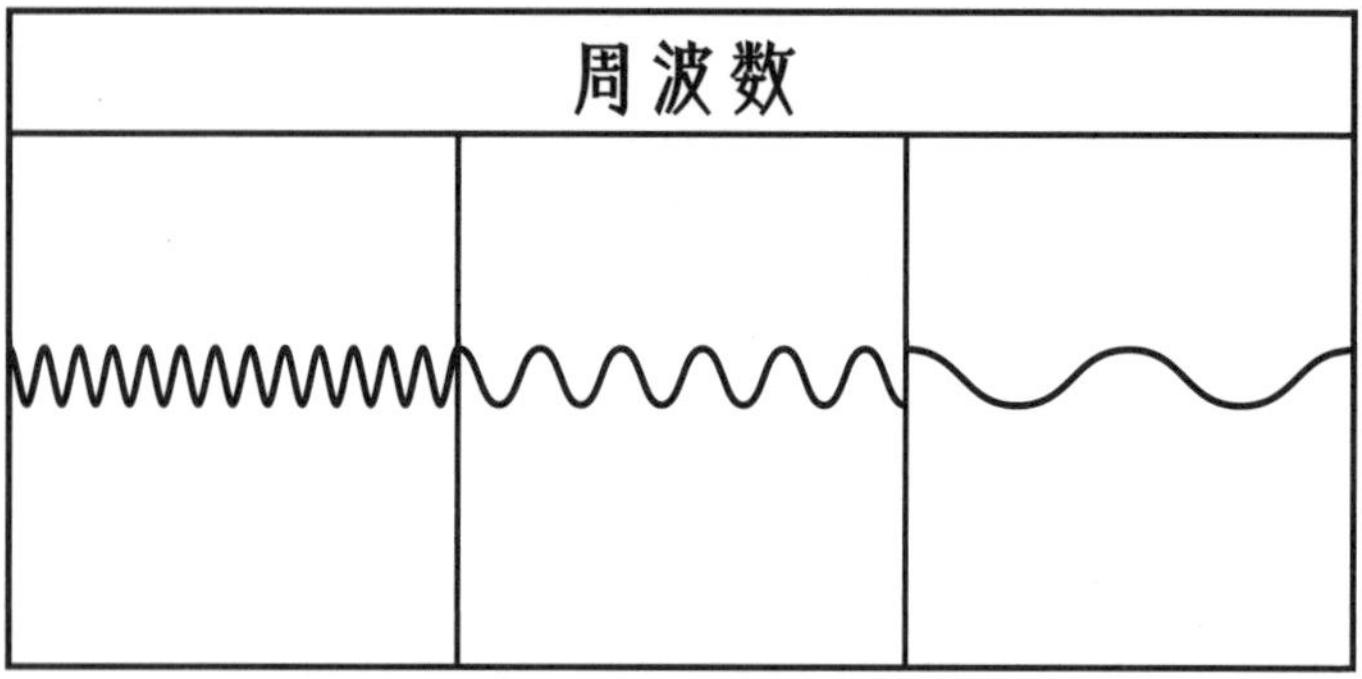

高い周波数　普通　低い周波数

くなりますが、低い声だと波動の振動回数が少ないので、周波数は低くなります。これが周波数の高低の違いです。

あらゆるエネルギーには、それに対応する周波数のレベルがあり、エネルギーと周波数は、常にセットとして私たちに作用しています。

そして、この周波数の仕組みの中で大切なことは、**私たちの思考や感情にも、それに対応する周波数がある**、ということです。

この私たちの思考や感情における周波数の高さの目安は、『パワーか、フォースか』

（デヴィッド・R・ホーキンズ／三五館刊）に記載されています。

『パワーか、フォースか』によると、筋反射により人間の周波数を調べた結果、「喜び、愛、調和、安心」という感情は高い周波数、「否定、嫉妬、怒り、悲しみ」という感情は低い周波数として定義されました。

高い周波数の状態は、具体的にはどのような状態かというと、感情の起伏が少なく、安定していて落ち着いている状態です。

もし、あなたの周りに、いつでも安心感に溢《あふ》れていて穏やかな人がいたら、その人は高い周波数の状態にある人と言えます。

一方で、低い周波数の状態とは、感情にアップダウンがあり、物事を良い・悪いというジャッジで見ているような状態です。嫉妬心に苛《さいな》まれていたり、他人に対して否定的な想いを持っていたりするのも低い周波数の状態です。

ここで大切なことは、高い周波数・低い周波数とは、単なる一つの状態でしかなく、それ自体も優劣を持っていません。誰しも感情の波が出てしまうのが私たちにとって自然なことです。ですが、高い周波数を意識した生活を送ることが、結果として私たちの幸せな人生に繋がります。

また、周波数には、高い・低いという特徴だけではなく、**同じ周波数同士で共鳴し合う（引き合う）**という特徴があります。

この仕組みが私たちにどのように働くかというと、あなたが放っているエネルギーの周波数と同じ周波数の出来事が、あなたの現実に現れるようになります。**宇宙には、自分が放ったエネルギーの周波数と同じ出来事を、自分が受け取るという法則があるのです。**

以上のようなエネルギーの仕組みが私たちの現実には働いていて、あなたが「望む現実を創る」ことに大きく影響を与えているのです。

意識のマップ

神の視点	人生の視点	レベル	ログ	感情	プロセス
Self(大いなる自己)	is(存在そのもの)	悟り	700-1,000	表現不可能	純粋な意識
存在するすべて	完全	平和	600	至福	啓蒙
一つに統合	完成	喜び	540	静穏	(神)変身
愛のある	恩恵	愛	500	崇敬	啓示
賢い	意義	理性	400	理解	抽象
慈悲深い	円満	受容	350	許し	超越
霊感を与える	希望	意欲	310	楽天的	意図
機能を与える	満足	中立	250	信頼	開放
許認	実行可能	勇気	200	肯定	能力
無関心	要求	プライド	175	嘲笑	得意
執念	敵対	怒り	150	憎しみ	攻撃
否定	失望	欲望	125	切望	奴隷状態
刑罰	怯える	恐怖	100	心配	引っ込み
軽蔑	悲劇	深い悲しみ	75	後悔	落胆
非難	絶望	無感動	50	絶望感	放棄
復讐心	悪	罪悪感	30	非難	破壊
嫌悪	悲惨	恥	20	屈辱	排除

幸せになるためのエネルギーポイント

☆この世界に存在するすべてのものは、素粒子から構成されている
☆素粒子の持つ波の性質を波動といい、波動の振動回数のことを周波数という
☆あなたの周波数と同じ周波数の出来事が、あなたの現実に引き寄せられている

思考だけではなく、あなたのハートの周波数が世界を創っている

エネルギーと周波数の仕組みにおいて、あなたに知っていただきたい、とても重要なポイントがもう一つあります。

それは、私たち人間の身体の中で最も強いエネルギーを放っている部分は、心臓だということです。

近年、アメリカのハートマス研究所の研究結果が話題となりました。
それは人体の中で、心臓が脳よりも最大で約５０００倍以上の電磁波を放っているという研究結果です。

さらに、脳にも感情を処理する領域がありますが、脳だけではなく心臓にも感情があるということが証明されました。この心臓が感じている感情をハートと呼びます。

ハートとは、私たちの心から湧《わ》き上がる素直な本音のことです。理論的に物ごとを判断していくのが思考だとすると、ハートは、判断というジャッジがない、心の底から湧き出てくる本当の感情になります。そして、このハートが感じていることには周波数があり、強いエネルギーを放っています。

この研究により証明されたことは、私たちが思考で考えていること以上に、ハートの周波数がこの世界を創っているのだ、ということです。

例えば、幸せな人生を送るためには喜びやワクワクすることがよい、という法則を知っていて、その法則を実践して幸せになる人とそうでない人がいます。

この違いはいったい何なのかというと、「思考的に」ワクワクしたほうがいいんだな、という考えでワクワクを実践したとしても、**あなたのハートから湧いてくる想いが不足や苦しさを感じているなら、そのハートの周波数が現実を創ってしまう**のです。

私自身も、こうすれば幸せになれる！　というノウハウを学んでいる時に、思考的にそのノウハウを理解して取り組んでいたとしても、ハートでは「今はまだ足りない」という低い周波数を出してしまっていることがありました。その結果、いつも不足した状態を創り出していました。

ですが、望む現実を創り上げるのに大切なのは、思考だけではなく、ハートが重要だった！　ということに気がついて、ハートが感じている想いに寄り添い、ハートが安心して安らげる時間を多くとるようにしました。

そうすると、不足の想いからノウハウを学んでいた時よりもすぐに、望んでいた豊かな生活を得ることができるようになったのです。

もし、あなたが何らかの法則やメソッドを学んできて効果がなかった場合は、ぜひその時のハートの状態について注目してください。

まだまだこれでは足りないんだ、という想いから取り組んでいませんでしたか？本当に楽しみながら学べていたでしょうか？

ハートの周波数と同じものを引き寄せてしまうのが、このエネルギーと周波数の仕組みの重要なポイントなのです。

……とはいっても、ハートが何を感じているかなんてわからないよ！　という方もいらっしゃるかもしれませんね。

では、ここで一緒にハートを感じる練習をしてみましょう。

まず、あなたの心臓の辺りに意識を向けてみましょう。
その時に、どのような感覚を感じますか？　あったかい感覚ですか？　それとももっと別な感覚ですか？

次は、あなたが幸せな気持ちになった時のことを思い浮かべてみましょう。
あの旅行が楽しかったなー、子供が本当にかわいいな……といったように。

すると、心臓の辺りに「ほわっと」する感覚はありませんか？

この「ほわっと」する感覚こそ、ハートの感覚なのです。

あなたがハートを感じたい時は、まずは温かい感覚を感じてみる、ということから練習していきましょう。そうすると、自分が心地よい時はハートがどんな感覚になるのか？　悲しい時はハートがどんな感覚になるのか？　という違いを感じることができるようになります。そして、この「ほわっと」した温かさを感じることが多い時は、あなたの思考とハートの声が一致している時です。

また、一日が始まるたびに、自分の本心はなんだろう？　と問いかける習慣を持つことも、ハートの声をキャッチするために大切な方法です。

このようにして、自分のハートの声を聞く練習を随時行ってみてくださいね。

自分のハートが心地よくなるように意識すること、思考とハートが一致する行動を実践することが、真の引き寄せを実現するために必要なのです。

幸せになるためのエネルギーポイント

☆心臓は人間の中で最も強くエネルギーを放つ部分である
☆あなたの現実は、ハートの周波数が創っている

エネルギーの強さも、幸せな現実を創るために必要不可欠なもの

同じ周波数の人でも、望む現実を早く創れる人と創れない人の違いは何だと思いま

すか？

それは、その人自身のエネルギーの「強弱」が関係しています。

エネルギーの「強弱」とは、例えば、大きな音が出ている時はエネルギーが強く、小さい音だとエネルギーが弱い、というイメージを持っていただくとわかりやすいと思います。本書では、このエネルギーの「強弱」のことを、**「強エネルギー」「弱エネルギー」**と呼びます。

このエネルギーの「強弱」は、私たちが望む現実を創造していくために重要な役割を果たしています。

例えば、高い周波数であってもエネルギーが弱い「弱エネルギー」の人だと、その人のエネルギーの影響を与えられる範囲が小さくなります。エネルギーが弱い状態とは、少し自信がなく弱々しい感じに見え、その人自身のエネルギー量が少ない状態です。

逆に、低い周波数であっても、エネルギーが強い「強エネルギー」の人だと、大きなエネルギー量を持つので思ったことがすぐに現実に反映されます。

しかし、低い周波数の状態で「強エネルギー」の場合、二極のある世界を創り上げやすい特徴があるので、注意が必要です。

例えば、仕事はうまくいくのになぜか私生活では問題が起こってしまう……というプラスの部分とマイナスの部分、その二つが現実として現れてしまうことがあります。

エネルギーの「強弱」がどのように日常に影響を及ぼすのかについて、ある一つの例を紹介させていただきます。

以前、あるクライアントをセッションしていた時のことです。

その方は元々高い周波数を持っている方でしたが、出しているエネルギーが弱いように感じました。そこで、第2章でお伝えするエネルギーを強くするワークを行っていただいたところ、一気に放つエネルギーが強くなり、結果としてその方の収入が以前の10倍以上になったのです。

このように、エネルギーが強くなることによって、大きく現実を動かす強いパワーを持つことができるようになります。

もし、読んでくださっている方の中で、自分自身を高い周波数に保つことを意識しているのにもかかわらず、なかなか現実がうまくいかないという方がいらっしゃったら、エネルギーを強くするという視点を持ってみてくださいね。

では、自分のエネルギーの「強弱」を、どのようにして判断することができるのでしょうか？

ここで、簡単な自分のエネルギーの「強弱」を診断する方法をお伝えします。

「強エネルギー」の状態は…

・いつも身体が元気で、自分のやりたいことを活動的に行える
・他の人のことが気にならない。自分は自分、人は人だと思える
・思ったことが現実に現れるスピードが早く感じる

「弱エネルギー」の状態は…

・いつも疲れやすい。やりたいことをすぐに行動に移すことが難しい
・人に影響を受けやすく、いつも人の顔色をうかがってしまう
・SNSやニュースをずっと見てしまう
・思ったことが現実に現れるのに時間がかかる

以上の項目を参考にしながら、あなたの今の状態を確認してみてくださいね。

さて、どのようにして自分のエネルギーを「強エネルギー」にすることができるのでしょうか？

あなたが「強エネルギー」になるには、感情や思考にプラスして肉体が重要な役割を果たしています。

私たちの肉体には、チャクラというエネルギーの通り道があります。

このチャクラが、エネルギーを強くするためにとても大切です。

チャクラが開いていることによって、噴水から強く水が出ているかのように、私たちの肉体から強いエネルギーが外に放出されます。逆に閉じてしまっていると、水道の水がストップしているかのように出るエネルギーが弱くなってしまいます。

もしあなたが、「強エネルギー」になりたい場合は、**身体のチャクラを開いておくことを意識すると、より素早くあなたの願いが現実に叶い出す**のでお勧めです。

（チャクラを開く方法については、第２章の「現実創造のエネルギーワーク③」で紹介しています）

さらには、チャクラを開くだけではなく、実際に運動をする、身体を動かしてみるということも、「強エネルギー」になるために効果的なので、ぜひ試してみてくださいね。

また、思考を使ったエネルギーを強くするコツもあります。

それは、自分に対して関心を多く持ち「自己肯定感」を高くするという方法です。

いつも周りの人を気にしている人は、自分のエネルギーを他者に放ち続けているので、「弱エネルギー」になってしまいます。

ですが、自分に関心を持つことで、これまで人に与えていたエネルギーを、自分へ放つことができます。さらに、自分を肯定するという高い周波数のエネルギーを自分に放つことで、「強エネルギー」になるのです。

この「強エネルギー」になる仕組みを活用して、望む現実を創り上げていくために、次のような方法をお勧めします。

まずは、一日でもいいのでSNSやニュースなど外側に関心を向けることをやめて、自分だけに関心を向けてみてください。そして、自分のことを肯定的に捉え、自分に集中しましょう。

あなたが他人に向けていたエネルギーを自分に向けることで、自分の現実を創造する力が大いに増し、あなたの願いが叶い出していくのを体験できます。

ハートと思考、そして肉体の三位一体を整えていくことによって、高い周波数のエネルギーを強く世界に放つことができるようになります。

幸せになるためのエネルギーポイント

☆エネルギーの「強弱」も、あなたが望む現実を創り上げるために大切な要素

☆外側に関心を向けることをやめて、自分に関心を向けた時に「強エネルギー」になれる

☆エネルギーを強くするには、ハートと思考、肉体の三位一体を整えていくことが重要

私たちはこの宇宙と同じ高い周波数のエネルギー体である

ここまで、科学的な視点からエネルギーと周波数について説明させていただきました。ここからは、私自身のワンネス体験（この宇宙にあるあらゆるものと一体になる現象）の説明をしながら、私が捉えている宇宙のエネルギーの仕組みについて、お伝えできればと思います。

私が初めてワンネスを経験したのは18歳の時でした。

その時はゆっくりとくつろぎながら、趣味だった瞑想を楽しんでいました。

心地よい感覚の中でぼーっと過ごしている時、私はまさに高い周波数の状態にあったのです。その心地よい感覚の中で過ごしていると、段々と身体と世界との境界線が溶けてなくなっていくような不思議な感覚になりました。

おや？　と思いつつ、その心地よい感覚に浸っていると、気がつけば自分の意識が宇宙空間までぽーんと飛んでしまったのです。

その宇宙空間の中には、真っ白な大きな白濁とした光の塊があり、そこから白い糸が私の身体に繋がっていました。その時に私は、この世界にあるあらゆるものが、この白濁とした光の存在と繋がっていて、すべては一つであることに気づいたのです。

そして、この大きな光の塊は、スピリチュアルの分野では**「創造主（この世界を創るあらゆるエネルギーの大元）」**や**「神」**と呼ばれていることを知りました。量子力学の世界では、**「ゼロポイントフィールド」**といわれている領域に近いのかもしれません。

こうした経験はこの一度だけではなく、大人になってからもたびたび経験することとなりました。ある時は、自分のエネルギーの力を高めるワークをしている時に、魂が身体から離れてしまい、一つの真っ白な光になることがありました。

その状態の時は、悩み事や苦しみが目の前から消えてしまい、ただ幸福がずっと続いている、そんな感覚の中にいました。

しかし、その状態のままでいると、見知らぬ人の感情が自分のものとして感じてしまうほど周りと同調し、苦しくなってしまいました。この純粋すぎる光のままでは、肉体という盾がないとこの地球では存在できない、ということもこの時に学ぶことになったのです。

これらの体験を通してお伝えしたいのは、私たちは元々、高い周波数を持って生まれている存在だということです。

この本を読んでくださるあなた自身も、例外なく完璧な光として生まれてきていいます。そして、この宇宙を創った「創造主」といわれるものから分離した個体であるのと同時に、常に「創造主」と繋がっている存在なのです。

つまり、私たちは「創造主」と同じ高い周波数をハートに有して繋がっている存在であり、一人一人が神様のような力を持っているのです。このことを、私はこれらの体験を通して痛感しました。

今、私が強く感じていることは、私たちが高い周波数を放って生活するということは、宇宙を創造した大いなるものと同等の力を発揮することができるということです。

ここで大切なことは、私たちの現実創造を可能とする神様のような力は、ハートにあるというポイントです。

だからこそ、**私たちは高い周波数の状態（愛や調和、心地よい感覚やリラックス状態）の時に、思考だけでなくハートから湧いてくる感覚を信頼して生きていくことによって、この現実世界にミラクルな状態を引き起こすことができる**のです。

幸せになるためのエネルギーポイント

☆あなたは元々、高い周波数で生まれている存在である
☆高い周波数を放つことで、宇宙を創り出した力と同じ力を持つことができる

宇宙的な時間軸を生きた時に、あなたの願いはどんどん叶い出す！

私たちが一般常識で捉えている時間というものも、私たちが本来エネルギー体であるという視点から見ると大きく捉え方が変わります。

私たちを構成している素粒子の性質には、時間という概念は存在しません。

私たちが普段捉えている時間についての考え方は、この重力のある地球独自のルールとなっています。

え？　どういうこと？　と思われる方もいらっしゃるかもしれませんね。

例えば、あなたが普段過去だと思っている出来事は、脳の中にある記憶でしかありません。そして、未来というのも、頭に浮かぶイメージのような実態のないものです。

このように考えていただくと、エネルギーの世界には「今」しかないということが、少し受け入れやすくなりませんか？

素粒子の世界では1秒1秒が連続して続いているのではなく、「今」という一瞬しかありません。そして、この「今」という素粒子の世界の中で、私たちは過去や未来を含めた、たくさんの世界や次元に存在しているのです。

この仕組みのことを、**パラレルワールド**と呼びます。

この考え方は、量子物理学の世界では大変有名な「シュレディンガーの猫」という実験により実証されています。これは、オーストリアの理論物理学者エルヴィン・シュレディンガーが、１９３５年に発表した思考の実験です。

さらに、２０１４年このパラレルワールドについて、ある論文が発表されました。それは、「多世界相互作用理論」というグリフィス大学とカリフォルニア大学の量子物理学研究チームの論文です。この論文には、「私たちの世界には無数のパラレルワールドが存在しており、それぞれのパラレルワールドが相互に干渉し合っている」ということが書かれています。

つまり、私たちは「今」という瞬間を生きることによって、過去や未来の様々なパラレルワールドに影響を与えることができるのです。

ここで、私のある体験をお話しさせてください。

昔、私が幼かった頃は家庭や学校の中にいることがとても息苦しく、何度も心がくじけてしまいそうになることがありました。

そんなつらい時ほど、ふとした時に心の中があったかくなり、幸せな感覚に満たされる瞬間がありました。さらに、「あなたが体験していることは、いつか人に伝えることになるからね！」というメッセージと共に、温かい声が私を包み込む時がありました。

この不思議な経験があったからこそ、これまでどんなことがあったとしても、私は前向きに進むことができたのだと思っています。

そして、エネルギーの仕組みを学んでから、やっと気がついたのです。

その声は、「今」という同じ瞬間に存在していた「未来」の私からのエネルギーやメッセージだったのです。

今という時間から過去、未来へ

電磁場

すべてのエネルギーは既知のタイムライン上で混ざり合う

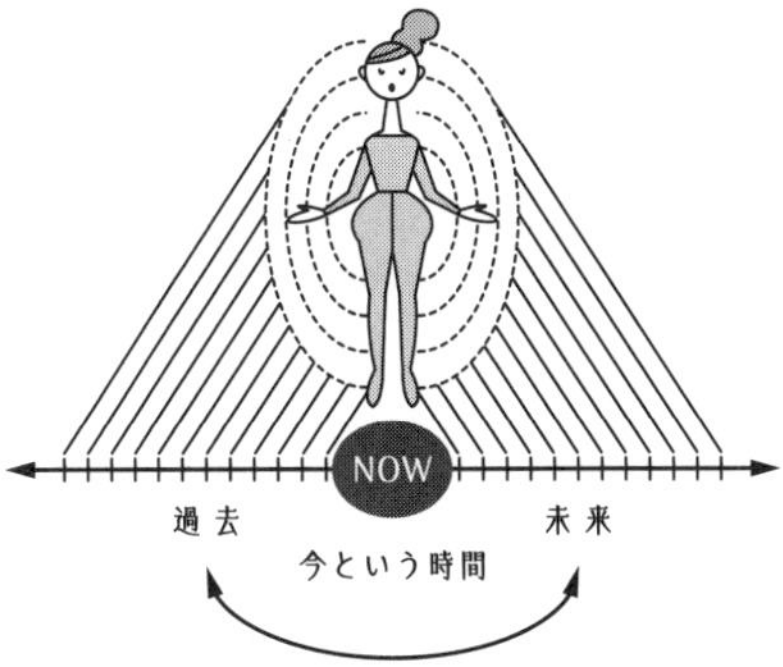

今この本を読んでくださっているあなたにも、この瞬間に「未来」のあなたからのメッセージがたくさん降り注いでいます。そして、この**「時空を超える力」**を、あなた自身も使うことができるということを知ってほしいと思います。

では、どのようにしてこの「時空を超える力」を発揮していけばいいのでしょうか？　そう疑問に思う方のために、ある仕組みを紹介しますね。

量子力学の世界では、物理的に離れてい

ても、ある一方の素粒子の動きが変わることでもう片方の素粒子も変わってしまう「量子のもつれ」という仕組みがあります。

この仕組みを活用すると、**「今」この瞬間に、あなたが「愛・調和」という高い周波数の状態になることで、過去のあなたも「愛・調和」という世界を体験するようになります。**

つまり、あなたがすでに終わった過去だと思っていることも、「今」のあなたの周波数が変わることで、あなたの過去が変わってしまうのです。

これこそが、エネルギーの仕組みを使った真の癒《いや》しなのです。

このような「時空を超える力」ついては、第2章以降にテーマ別で詳しく書かせていただいています。

さて、もう一つ、時間軸についてのおもしろいお話があります。

これまで、時間とは「過去→現在→未来」という方向に流れていると思っていた方は、望む現実を手にするには「こうしたプロセスで、この手順を使って、こうしていこう」という段階を考えることが自然だったかもしれません。

実は、このように「プロセス」を考えることによって、素粒子の動きが確定し、「プロセスを経て達成する」という現実をそのまま創ってくれています。

ですが、私たちは素粒子の「今」の瞬間に過去も未来もあるという仕組みを知ることで、時間の流れに関係なく人生を変えることができる、量子的飛躍（クォンタムリープ）を起こすことが可能となるのです。

量子的飛躍とは、あなたが今この瞬間に、「プロセス」を考えるのをやめて、本当に望む現実を手にしていい！　と大きく意識を変えた時に、その「プロセス」を超えた、望む世界にワープしてしまう仕組みのことです。

私の場合は、未来の私からのメッセージで「あなたは自分の体験を人に伝えるようになる」と言われていたので、漠然と「伝えること」が人生の指針としてありました。もしかして、いつか本を書くのかな？　と思った私は、そのためには毎日ブログを書いて、何年にこうして……と、直線的な時間の流れを考えていたのです。

ですが、実際は、逆に毎日書いていたブログをやめて、心地よい感覚で過ごすことを増やし、すでに出版していることを受け取ったかのように過ごしていたところ、人とのご縁を通して本を書く機会をいただいたのでした。

あなたがもし、今この瞬間に夢を叶えたいと思っているなら、「経験を積んでから」という考えをやめてほしいのです。

「今のどんな私でも、素敵なチャンスを受け取っていい！」と決断した時に、プロセスを超えた量子的飛躍を起こすことができるのです。

この量子的飛躍を起こしていく具体的な方法については、実例を交えながら第4章、

第５章に詳しく書かせていただいています。

ここで大切なことは、あなたが望む世界を生きるために量子的飛躍を起こすには、自分の周波数を高い周波数の状態に保つことが重要になります。

イメージしやすいように「水」を用いながらお話ししましょう。

例えば、「水」は冷たくなると「氷」として固まりますよね。また、気化すると「水蒸気」となって薄く透明になります。

この「氷」として固まっている時の周波数は低い周波数であり、「水蒸気」となって辺りに拡散している時は高い周波数の状態だとイメージしてみてください。

固まっている「氷」は、常にその場にとどまっているか、私たちが手で動かすことでしか移動できません。しかし、「水蒸気」はいろいろな場所に飛んでいくことができ、さらに一瞬にしてまったく新しいところへと動くことができます。

このように、物質は周波数が低い時はそのままの状態で止まっていますが、周波数が高い時はどこにでも拡散し、軽やかに形を変えることができるのです。

そして、私たちが量子的飛躍を起こす時には、この仕組みが働いています。

私たちの周波数が低い時は、現実はとてもリアリティがあり、氷のように固くなっているため変えることが難しくなります。しかし、周波数が高い時は、現実は水蒸気のように軽やかな状態になっていて、この状態であなたが望む現実を意図することで、その方向へと現実が変化していくのです。

あなたが高い周波数の状態でいると、時間の流れを超えた望む世界に移行する。これが、私たちの本来の姿なのです。

幸せになるためのエネルギーポイント

☆宇宙的な時間軸を生き始めると、過去や未来を超えた不思議な体験がやってくる
☆高い周波数の状態になっている時は、量子的飛躍を起こすことが可能となる

第2章

自分を癒し浄化して、高い周波数を維持しよう！

あなたの現実は、あなたが放った周波数が創っている！

第2章からは、周波数の仕組みについての実践編です。

この章では、周波数を高める実践方法として、様々なワークを紹介させていただきます。ここで紹介するワークは、私や私のブログの読者の方々が普段実践していて、とても効果があったワークばかりです。

さて、ワークの紹介に入る前に、お伝えしたい宇宙の真理があります。

その真理とは、**「あなたは高い周波数のエネルギーを持つ完璧な存在である」**ということです。

かの有名なアインシュタインは「宇宙は包括的な全体であり、秩序や見事な調和がある」と語っています。

この宇宙に生きる私たち一人一人が、本来とても完璧で調和のとれた存在です。

それは、美しいお花がそれぞれの色や形をして咲いているようなもの。

あなたという存在は、それほどまでに完璧で美しい存在なのです。


しかし、これまで私たちは、「私たちは完璧な存在なのだ」ということを忘れることによって、社会に適応していくための様々な価値観を自分自身のアイデンティティとしてインストールしてきました。

社会に適応していくことが、自分を幸せにするのだと錯覚して。


改めて、私自身のお話をさせてください。

私は両親から厳しい体罰や、精神的な攻撃を受ける幼少期を過ごしていました。自分の個性を発揮することはできず、いつも「ダメな人間だ」と言われる毎日。そんな生活を送る中で家庭は崩壊し、家族それぞれが様々な病気になってしまうこともありました。そして、私は15歳の時に親元を離れて施設で生活することを余儀なくされました。その施設の中で専門スタッフによるカウンセリングを受けることもあり、そこから癒しの日々が始まりました。

これまでの複雑な家庭環境の中で、私はずっと親や社会の期待に応えるために、欠点を補うことによって「完璧になること」を目指していました。

幸せは努力によって得られると信じて、たくさん自分を向上させようと奮闘していたのです。そして親や社会のルール、「〜すべき」という固定観念を自分のものとしてインストールし、自己否定・自己犠牲の中で生きてきました。

しかし、そうして欠点を埋めるために獲得してきたものの中に、心からの幸せはなかったのです。また、社会的に承認されることがあったとしても心は怯《おび》えていて、それらを失う恐怖と常にセットで過ごしていました。

昔の私は、「幸せとはこういう定義のものだ」といった誰かの価値観の中に、自分自身の幸せを当てはめようとしていたのです。

こうした考えは、私に限らず、特に日本人には、よくある一般的な思考ではないでしょうか？

ほとんどの人は、その息苦しさの中で幸せを感じるということは難しいのでは？と私は感じます。または、過去の私のように「認められる」「承認される」といった世界の中で、仮の幸せを得たように錯覚してしまうかもしれません。

このような思考とハートのズレは、周波数でいうと**「不足や無価値感」**という低い周波数領域の中で葛藤していることになります。

なので、努力しても欠点を無理やり改善しようとしても、現実は幸せになりません。なぜなら、その時に出しているハートの周波数が現実を引き寄せてしまうからです。

また、この世界を創っているエネルギーは、約5～10％が目に見えている物質で、残りの90～95％が目には見えない非物質でできていることが、現代の科学で明らかにされています。

このことから、見えないエネルギー側から現実を創っていくことがいかに大切なことか、わかっていただけるのではないでしょうか。

そう、このエネルギーと周波数の仕組みを使って、あなたが望む現実を創っていくには、**「あなたの世界は、あなたが放ったエネルギーの周波数が創っている」**という仕組みを、まずは信じてみてください。

幸せな人生を手に入れたいのなら、「こんな人生なのは環境のせいだ！」と現実を否定するのではなく、「環境のせいにしても、現実は変えられない」ということを受け入れて、自分の周波数を変えることに取り組む必要があります。

私も初めは「このつらい現実を、自分のエネルギーの周波数が創っているなんて信じられない！」となかなか受け入れられず、抵抗していました。

たとえ信じられなくても、**「この宇宙の法則を信頼して、よりよい人生を送る」**と、読者の皆さんには決断してほしいと思います。

なぜなら、あなたが勇気を出して「見えないエネルギーを使って、世界を創っていく！」と決めた時から、宇宙は素晴らしい出来事を次々と起こしてくれるようになるからです。

安心して楽しみながら、第２章のワークに取り組んでくださいね。

幸せになるためのエネルギーポイント

☆この世界は、見えるエネルギーが5～10％、見えないエネルギーが90～95％である
☆あなたの現実は、あなたが放った周波数が創っている
☆あなたがエネルギーの法則を信頼した時に、どんどん現実は好転する

あなたの現実は、自分がどんな周波数を放っているか教えてくれる

私たちが見ている現実というのは、自分が放った周波数と引き合うものが現れています。

また、私たちを構成している素粒子も、私たちがどう現実を認識しているかによって、それと同じように現実を形作ります。

ということは、現実は、私たちの物ごとの見方や、放っている周波数がどういうものであるのかを教えてくれているのです。

例えば、あなたがもし「私なんて……」と自分に対して厳しい言葉がけをしていると、あなたは「自己否定」という低い周波数を世界に放っていることになります。その低い周波数は、同じように低い周波数を持つ相手の素粒子とピタッとくっつき、引き寄せるということがエネルギーの世界では起きるのです。これが、周波数の仕組みです。

そして、人間関係においても、自分が放っている低い周波数を変えていかないと、その相手と離れることになったとしても、また人を代えて同じ現実を目の前に創り上げるということを繰り返してしまうのです。

もしこれまで、職場を替え、付き合う友人を代えても、何度も同じパターンを繰り返してしまうということが多かった方は、「現実を変える」のではなく「自分の周波数」を変えてみるという視点を持ってください。

そして、もう一つ大切なことをお伝えします。

周波数の仕組みとは、自分が放っている周波数に引き合うものを現実として受け取るという仕組みです。

しかしこれまで、とても優しくて攻撃心もないのに、なぜか人から否定的な扱いを受けて困っている……という方がご相談に来られることが数多くありました。

「自分は誰かを攻撃していないし、無視もしていない。誰かに不満も抱いていない」

という素敵な方なのに、なぜか現実がうまくいかない時は、「自分自身に」低い周波数を放っている場合があるのです。

例えば、

・自分自身を否定し、攻撃する
・自分の本当の気持ちを無視している
・いつも自分に対して不足を抱いている

というような想いや行為は、自分に対して低い周波数を放っていることになります。

特に、私たち日本人は「自分さえ我慢すればいい、それが美徳だ」という固定観念に縛られることも多い民族です。しかし、それこそが宇宙のエネルギーの法則からすると、幸せから遠ざかる考え方です。

「人に与える周波数だけでなく、自分自身に与える周波数も大切である」

このポイントも、ぜひとも忘れないでくださいね。

さて、これまで外側の世界ばかり見ていたあなたが、自分の本当の気持ちに気がつくようになり、自分に対して肯定的な想いを持つことができるようになった時、あなたは世界から肯定されるようになります。

そして、自分の中にあるどんな側面も、「愛」という高い周波数の状態で見ることができた時に、その高い周波数が世界に伝わり、素晴らしい出来事があなたの世界に現れます。

このおもしろいエネルギーの仕組みを、体験してくださいね！

幸せになるためのエネルギーポイント

☆現実は、自分の放っている周波数がどんなものであるかを教えてくれる
☆人に与える周波数だけでなく、自分に与える周波数も、望む現実を創るために大切である

周波数を高める基本中の基本のワーク

では、今からクリアリングワークの解説をします。

まず初めに、周波数の仕組みを使ってあなたが望む現実を創っていくために、「自

分の低い周波数を、元々の高い周波数の状態へ戻していく」ということが大切になります。

これを私は、**低い周波数を浄化していく＝「クリアリングしていく」**という言葉で表現しています。

こうした「クリアリング」について一例を挙げさせていただくと、

・職場に嫌な上司がいる
・旦那の酒癖が悪いのが気になる
・仕事が決まらなくて不安

……という悩みがあるとします。こうした悩みの中にある時、あなたは「不安や恐れ」という低い周波数を放ち続けることになります。

しかし、こうした出来事に対して、

・職場に嫌な上司がいる…なんて、本当につらかったよね
・旦那の酒癖が悪いのが気になる…なんて、そりゃ嫌だよね
・仕事が決まらなくて不安…そうだよね。不安になって当然だよ

……と、自分の本当の気持ちを受容して認めていくこと。
そして、この出来事は自分が放っていた周波数に気がつくための「お知らせ」だったんだ、と受け入れて感謝できた時、状況は変わらなくても、あなたの放つ周波数が「愛や感謝」という高い周波数に変わるのです。

これが、高い周波数の状態に思考や心を磨いていくこと＝「クリアリング」すると

いうことです。

そして、ちゃんと「クリアリング」を行っていくことで、この高い周波数に引き合うように、あなたが問題視していた事柄がどんどん解決していくのです。

さて、このワークには3つのプロセスがあります。

簡単に紹介すると、

① 気になる現実を通して、自分が出している周波数と感情に気づく
② その時に出ている周波数と感情を受け入れる
③ 自分の出していた周波数を教えてくれた出来事に感謝する

というプロセスによって高い周波数の状態になるためのクリアリングを行うことができます。

では、今から実践してみましょう！

周波数のクリアリングワーク　実践法

周波数を高めるために必要な最も基本的なワークです。

１　生活の中で、自分が人から言われること、気持ちが反応すること、心が動く出来事を書き出してみましょう(自分の本当の気持ちに素直になって書いてくださいね)。

例)
職場の人が自分に冷たくする
夫に攻撃される
お金がない、苦労している等

2　その現実を創ることになったあなたの周波数はどのようなものだったのか？　ということを簡単に書き出しましょう（個人的な主観で大丈夫です）。またその時に生じた感情も書いてみましょう。

例）

職場の人が冷たくする

＝否定・攻撃性・無視といった周波数

感情：悲しい

夫に攻撃される

＝攻撃性・恐怖という周波数

感情：怖い

お金がない、苦労している
＝不足、欠乏感といった周波数
感情：不安

3　先ほど書き出したことの語尾に、「寄り添います」「受け入れます」と書き足しながら、実際に自分に寄り添い、その「感覚」を感じてみましょう。

例）
職場の人が冷たくする
＝否定・攻撃性・無視といった周波数を持っていた自分を受け入れます
感情：悲しいと思っている自分に寄り添います／「悲しくて当然だよね」

夫に攻撃される
＝攻撃性・恐怖という周波数を持っていた自分を受け入れます
感情：怖いと思っている自分に寄り添います／「怖いのは当たり前だよね」

お金がない、苦労している
＝不足、欠乏感といった周波数を持っていた自分を受け入れます
感情：不安を持っている自分に寄り添います／「不安で当然だよね」

4　自分に寄り添った後は、自分自身と自分の放っている周波数を教えてくれた現実に対して、感謝してみましょう。

感謝というのは、「この問題は高い周波数に変わりました」という完了のサインになります。

例）

職場の人が冷たくする

＝否定・攻撃性・無視といった周波数を持っていた自分を受け入れます

感情：悲しいと思っている自分に寄り添います／「悲しくて当然だよね」

寄り添えた自分に感謝します／「私ってすごいね。ありがとう」

教えてくれた職場の人に感謝します／「気づかせてくれてありがとう」

もし、ネガティブな部分の出来事に対して、なかなか感謝できない、許せないという想いが出てくる時は、まだ自分の心の内側にある感情が昇華できていないというお知らせです。そうした時は無理やり感謝しようとするのはやめて、1〜3を何度も行ってみてくださいね。

周波数のクリアリングワークのポイント

このワークのポイントは、書き出す時は無理やりポジティブな解釈にしようとせず、自分の本音をただそのままに表現してみてください。なぜなら、あなたの心の中で本当に抱いている感情が周波数を持ち、エネルギーとして世界に放たれていくからです。

そして、書いた文章をゆっくり読み返してみて、あたかも母親が子供に寄り添っている時のように、自分に高い周波数のエネルギーを与えていきましょう。「私はこんな想いだったんだ、いいよ、それで大丈夫だよ」という感覚に浸ってください。

この時に、「思考的」にするのではなく、なるべく「ハート」がちゃんと自分に労わりの感覚を持っているか、ということにしっかり注意を払ってください。

ハートから高い周波数が出ている時の目安は、ふわっと温かな感覚が身体に現れますし、なんだか幸せな気持ちが出てきたりします。このようなやわらかな感覚に意識を向けるようにしてみてくださいね。

また、自分が本当に感じている気持ちに対して、「こんなふうに思ってはいけない」とジャッジすることは、低い周波数を放っていることになります。どんな感情もしっかりと認めて寄り添ってあげてください。

もし、なかなか心が伴わない時は、身体を撫《な》でてあげることをお勧めします。まずは身体を緩めて、「いつもありがとう」と身体に伝えてあげながら……。肉体に対して愛情を注ぎ、高い周波数をかけることによって、ハートの感覚も一緒に開いていくことが容易になります。

基本的には、このように出している周波数や感情を受け入れてあげることによって、あなたが放っている周波数はどんどん高くなります。もし、ネガティブな想いがなかなか消えないという方は、後述するエネルギーワークを試してみてくださいね。

エネルギーそのものを変えることで、あなたの現実は好転する！

先ほどご紹介したクリアリングワークのように、低い周波数の波動を放つ元となる想い癖を高い周波数に書き換えていくだけで、あなたの体験する現実は大きく変化していきます。

しかし、本来エネルギー体である私たちは、想い癖の書き換えだけではなく、自分の中にあるエネルギー自体の周波数を高くすることによって、よりよい現実を創ることができる……そんな力を秘めています。

これからご紹介するワークは、自分のエネルギーを動かすことによって周波数の状態を変えていくことのできるエネルギーワークになっています。

まずは、クリアリングワークとエネルギーワークの違いを説明します。

先ほどご紹介したクリアリングワークは、私たちのハートを元の高い周波数に戻すことによって、周波数を高めることをアシストします。

一方、エネルギーワークは、すでに自分の中にあるエネルギーを変えていくことによって、ハートと現実が変容していくことをアシストします。

特に、ワークをしても現実が変わりにくい方は、これから紹介するエネルギーワークを行っていただくことで簡単に現実が良くなることも多くあります。

どちらにしても、自分の放つ周波数を高くしていくものなので、ご自身に合うワークを行ってくださいね。

さて、これからお伝えするエネルギーワークは、実際に文章を読んでいただいて、自分でイメージしながら行うセルフ・エネルギーワークになります。

どのような悩みがあったとしても実践的に使える、汎用性の高いワークを集めてみました。

初めにご紹介するエネルギーワークは、私たちが低い周波数を高い周波数に変えていくための基本となるワークになります。

このエネルギーワークは、あなたが日々の生活の中で「モヤッ」「イラッ」と心が反応した瞬間に行っていただくクイックワークです。

日々の生活の中であなたの心が反応することがある時に、意識的にこのワークを行ってみてくださいね。

癒しのエネルギーワーク①

一瞬で低い周波数を浄化するクイックワーク

自分の低い周波数を高くするエネルギーワークになります。
日々の生活の中で、嫌なことがあった時やもやもやした時に行ってください。

1　日々生活している中で、あなたの心に「もやもや」や「イライラ」という反応があった時に、自分のみぞおちに両手を当てます。

2　みぞおちに当てていた手を身体から放してみると、その手に「もやもやの塊」が一緒にくっついてきます。感覚的には、黒っぽいヘドロがみぞおちから出てきたようなイメージです。

3　その「もやもやの塊」を黒いボールのようにまとめて、空に向かってポイッと放り投げるイメージをしてください。実際に、ボールを投げるように手を動かすとわかりやすいかもしれません。その時に、ボールを投げた空にはブラックホールのような宇宙に繋がるゲートが開いていて、投げた黒い玉が吸い込まれていく様子をイメージしてみましょう。

4　すると、あなたのみぞおちの辺りには、黒い玉を手放した分ぽっかりとエネルギーのスペースがあいています。そこに、再び手を当てて、「○○（自分の名前）、愛しているよ」と語りかけてみましょう。自分に愛を注ぐにつれて、心臓の辺りからあったかいピンクの光が溢れてきて、あいたスペースを満たしていくのを感じてください。

5　あったかいピンクの光が身体に浸透して気分が落ち着いたら終了です。

あなたの隠された感情を愛することによって、より高い周波数に変える方法

「癒しのエネルギーワーク①」を行っていただいても、強いショックや悲しみなどの感情体験があることで、どうしても高い周波数に変わりにくい方もいらっしゃるかもしれません。

そのような方のために、より応用的なワークを紹介します。

あなたの中で、どうしても高い周波数に変えられない出来事がある時、いったい何が起きているかというと、**「過去に体験した強い感情」**があなたを足止めしています。

あなたの無意識は、自分の中にある感情に蓋をすることによって、その時に体験した出来事を許さないようにと働いています。

そして、再びあなたに抑圧した感情を解放させるために、つらい現実を創っています。

ですが、あなたが自分の抑圧していた感情に気がつき、それをしっかりと認め、受け入れた時に、その感情は「やっとわかってくれたんだね」と癒されてちゃんと消えるという性質があります。

すると、あなたの抑圧した感情を解放させるために起きていた、様々な現実が大きく好転し始めるのです。

今からご紹介するワークでは、こうした「感情解放」に力を入れた、低い周波数を高い周波数に変換するワークになっています。

ずっと残っていた低い周波数の元となる感情を、高い周波数に変えていきたい時に行ってみてくださいね！

癒しのエネルギーワーク②

「感情解放」して、自分の周波数を高めるワーク

低い周波数を高い周波数に変える応用ワークです。
「癒しのエネルギーワーク①」をしても手放せない感情がある時に行ってください。

1　まずは、楽な姿勢で落ち着いた状態を作ってみてください。そのまま軽く目を閉じて、イメージに集中してみてください。

2　あなたは今、一人で映画館にいます。そこでは、あなたが過去にどうしても許せなかった「もやもや」とした感情が湧いた場面が、映画として上映されています。あなたは観客として、その場面の映画を見ています。

3　席を立ち、その映画のスクリーンに近づくと映画の中に入ることができます。映

画の中に入ってみて、その映画の主人公であるあなた自身と重なってみましょう。するとその場面で感じていた想いがあなたの中に入ってきます。重なった時に感じる想い……。例えば、怒りや悲しみ、無価値感といったものを今ここに、感じてみましょう。そして、感じながら「つらかったね」「悲しかったね」と自分に寄り添ってくださいね。

4　ある程度、自分の感情を受け入れたあとは、映画の主人公である自分から離れてみて、もう一度映画のスクリーンの外に出てみましょう。

5　スクリーンの外に出てみると、あなたはそのスクリーンの中の映像を自由に変えられることに気がつきました。そのスクリーンの中の映像を、本当はこういう映像なら幸せだと感じるな、という映像に変えてみましょう。はじめの映像とは違い、どんどんその映像の中の自分が幸せになり、明るい映像が映し出されるまで、イメージし続けてください。

6　そして、スクリーンの中が幸せな映像に差し替えられたら、自分のハートに意識を向けて、「幸せな場面に移り変わりました、ありがとう」と自分自身に語りかけてください。

7　しばらく深呼吸をしながら、すっきりとした感覚が湧いてきたら目を開けて終了になります。

幸せな現実を創っていくためのミラクルエネルギーを生み出そう！

ここからは、どんどん幸せな現実を生み出すための「現実創造」ワークをご紹介します。

自分のネガティブな感情がすでに癒されている方や、普段から高い周波数のエネルギーを放っている方は、このワークをぜひ行ってみてくださいね。

このエネルギーワークは、自分のハートの中心にある「神様と同じ力」に繋がって、一気に自分の周波数を高めることが可能となるワークです。

とても簡単ではありますが、大きく現実を好転させることができるワークになっています。一日のうちほんの５分程度していただくだけで、心地よく幸せな時間が格段に増えていきます。ぜひ試してみてくださいね。

幸せな現実を創るためのミラクルエネルギーワーク

現実創造のエネルギーワーク①

自分の周波数を一気に高い周波数に変えていくことで、幸せな現実を創りたい時。
1日1回以上行っていただくと効果的です。

1　まずは、楽な姿勢で落ち着いた状態を作ってみてください。そのまま、軽く目を閉じましょう。

2　次に、意識を頭からゆっくり心臓の辺りに降ろしましょう。難しい方は心臓の鼓動を感じてみてください。そして、あなたがこれまで幸せだった時の思い出や、これから行ってみたい旅行先、好きなものというような心がほっと幸せになる感覚を得られるものや出来事を思い出しましょう。そして、その時に出てくる幸せな温かい感覚を、ハートで感じてみてください。

3　その幸せで温かい感覚をハートで感じることができたら、その感覚にピンクや白などの自分のイメージしやすい色をつけてみましょう。その色がついた温かなエネルギーが心臓辺りを中心に、身体の全方位に出ているのを感じてください。

4　しっかりと感じることができた方は、そのエネルギーを大きく膨らませていき、身体を包む大きさまで広げてみましょう。もっと大きくできる方は、どんどん拡大してみてください。地球全体を包んだり、宇宙を超えてみたり……。あなたの可能な限り、大きくそのエネルギーを広げてみましょう。

5　その感覚のままで、しばらく幸福感に包まれていてください。十分に幸福感に包まれることができたら、ゆっくりとそのエネルギーを身体にフィットする大きさまで戻していきましょう。その幸せで温かな感覚が身体に浸透したと感じたら終了です。

「ゼロポイントフィールド」に願いを届けることで、夢が叶い出すミラクルワーク

これらのワークを実践していただくと、あなたの周波数が高くなるにつれてこれまで信じていた社会のルールや誰かの価値観・固定観念は外れていき、本来のピュアなあなた自身へと戻っていきます。

このように、あなたが本来の姿に戻った時、やっと本当に叶えたかった願いが「本音」として出てくることがあります。

それは、社会的に認められて何かを獲得していくよりも、家庭に入ってゆっくり過ごしたかった……という願いが出てくることもありますし、その逆もあるかもしれません。

あなたの本当に叶えたい願いが浮かんだ時に、エネルギーや周波数の力を使って「願望実現」が行えるエネルギーワークをお伝えします。

あなたが願いを現実に具現化していくには、神様と同じような力を持つ「ゼロポイントフィールド」に願いを伝えるという方法をお勧めしています。

量子力学の世界では、「ゼロポイントフィールド」と呼ばれる場からあらゆる素粒子が生み出されることで、私たちの現実が生まれています。いわば、この世界のあらゆるものは、「ゼロポイントフィールド」から創造されているのです。

「ゼロポイントフィールド」の持つ「何もないところから素粒子を生み出す働き」こそ、私たちが願いを現実に創り出す時に必要不可欠なものです。

私たちが高い周波数を放っている時は、「ゼロポイントフィールド」に繋がる扉が開いている、そんなイメージを持っていただくとよいかもしれません。

そして、この「ゼロポイントフィールド」にどのようにして繋がっていけばよいかを説明します。

何かお願いごとがある時、神社に行って神様に手を合わせて祈る方は多いと思います。この「祈り」こそ、「ゼロポイントフィールド」に繋がる方法なのです。私はこれを、願望実現のエネルギーを生み出すための一つの儀式として捉えています。

では、「祈り」とはいったい何でしょうか？　一般的な「祈り」というのは、神様にこんな願いを叶えてほしい、とオーダーするイメージかもしれませんね。

「祈り」については様々な諸説がありますが、世界的に有名なキリスト意識を学ぶためのテキストである『奇跡講座』（ヘレン・シャックマン／中央アート出版社）には、**「祈りとはすでに与えられているものを受け取った感謝である」**と書かれています。

つまり、**「祈り」とは、この「ゼロポイントフィールド」が私たちの願いを叶えてくれたという感謝を、宇宙に伝えること**なのです。こうして感謝を伝えることで、自分の内側にある「ゼロポイントフィールド」と自分自身のエネルギーが一つになるのです。この感覚は、まさに神様と一つになった感覚です。

このワークは、理論を超えて実際に現実が変容していくことで、感覚がつかめていく部分もあるかと思います。実際にワークを行って、自分の内側に秘めていた願いを叶える力を体感してみてくださいね。

また、このワークを行っても願いが叶わない時は、もう一度あなたの中に「クリアリング」したほうがいい想いがないかをチェックしてみてくださいね。

「ゼロポイントフィールド」に願いを届ける祈りのワーク

現実創造のエネルギーワーク②

自分の願望を叶えたい時。

自分の周波数が高まって、本当の願いが浮かんできた方にお勧めです。

1　まず、「現実創造のエネルギーワーク①」を行ってリラックスしてください。これが基本の状態になります。その心地よい感覚の中で、より深くあなたの心臓辺りに意識を向けましょう。

2　幸せな感覚の中で自分を満たしたら、心の中にあなただけの「祈りのシンボル」をイメージしてみましょう。例えば、神社やお寺、教会、神様など、好きなシンボルを想像してみてくださいね。

3　そのシンボルに向かって自分のお願いを、「すでに叶っている完了形」で伝えましょう。例えば、「神さま、私は今○○したいという願いが叶い、とても幸せな気持ちです。ありがとうございます」といったように、心の中で祈ります。もし、あなたに信仰する存在がいる場合は、2の「祈りのシンボル」のところでその存在に来ていただいて、その存在に向かってお祈りをしているイメージをしてみてくださいね。

4　しばらく、「すでに叶っていることへの感謝が溢れている」という幸せな感覚をじっくり感じてみてください。その時に、叶った状態の自分自身が映像として浮かんできたら、しばらくその映像を眺めていてください。

5　十分感じることができたら、ゆっくりと目を開けて終了です。

ここで大切なことは、すでに叶っている完了形でお願いをするということです。

なぜなら、第1章でお伝えした通り、素粒子の世界では、「今」という瞬間に過去や未来のすべてが同時にあるからです。**あなたが「願い」を持った瞬間に、「すでにそれが叶っている」未来が存在している**のが、このエネルギーの法則なのです。

だからこそ、「願いが叶った！　ありがとう！」とその感謝の部分をしっかり感じながら、このワークを行ってみてくださいね。

願いを叶えるエネルギーを、もっと強くする秘訣！

「現実創造のエネルギーワーク①②」を行っていただくと、あなたの周波数は高くなり、本当に叶えたかった「願い」が叶い出します。

しかし、すぐに願いが叶う方とそうでない方がいらっしゃいます。このような「願いが叶うスピードの差」というのは、その人自身が動かすことのできるエネルギーの強さが関係しています。

第1章でお伝えしたように、あなたのエネルギーが強い場合は、現実を創り出すスピードが速くなります。一方で、エネルギーが弱い場合は、現実を創り出すスピードは遅くなります。

このワークは、あなた自身のエネルギーを強くするために、身体の中にある重要なエネルギーポイントであるチャクラを開いていくワークになります。チャクラを開くことによって、あなたが扱えるようになるエネルギーの量が格段に増えていきます。

より早く望む現実を創り出したい方は、ぜひ行ってみてくださいね。

チャクラを開いて、現実を創るエネルギーを高めるワーク

現実創造のエネルギーワーク③

自分のエネルギーを強くして、スムーズに願いを叶えたい時にお勧めです。

1　まずは、楽な姿勢で落ち着いた状態を作ってみてください。そのまま軽く目を閉じてください。

2　そして、P120のイラストと同じ箇所で、同じ色の光を、あなたの身体の中でイメージして光らせてみてみましょう。

光らせることができた方は、その光を右回りに回転させてみてください。その時に、回しにくい光があったり、回るスピードに違いがあったりするかもしれませんが、その状態をそのまま感じてみてくださいね。

3　すべての光を回すことができたら、チャクラの活性化は完了です。

4　次は、身体の真ん中に大きな白い光の筒が通っているのをイメージしてみましょう。その光の上部は宇宙の先まで、下部は地球の中心まで伸びているのを感じてみましょう。

6　今度は、その光の筒を自分が心地よいと感じる大きさまで、どんどん広げていきましょう。その光の筒の横幅が、身体の大きさを遥かに超えても大丈夫です。

7　光の筒が一本の大きな木のようになり、身体全体を包んでいるイメージができたら、今度はゆっくりと身体にフィットする大きさまで戻して終了です。

７つのチャクラと色

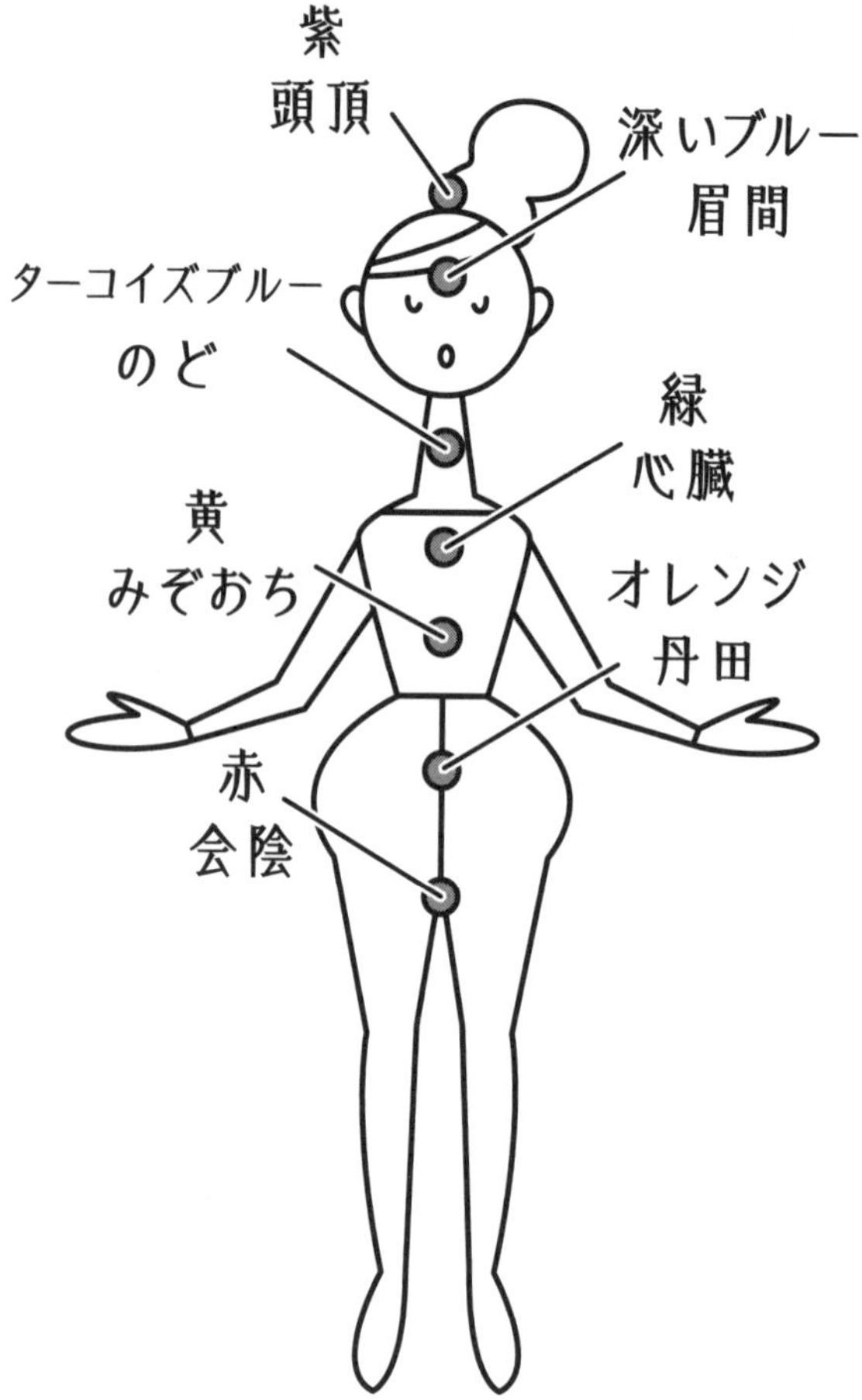
紫
頭頂
深いブルー
眉間
ターコイズブルー
のど
緑
心臓
黄
みぞおち
オレンジ
丹田
赤
会陰

第3章

高い周波数で、
あり余る豊かさを受け取る方法
【お金編】

あなたがどんどん豊かになる、お金についてのエネルギーの法則

あなたは、「お金はエネルギーである」と聞いたことはありますか？

この「お金はエネルギー」というお話は、エネルギーの視点から見ると本当のことです。なぜなら、この世界にあるものはすべて素粒子でできていて、お金もまさに例外なくその一つだからです。

そして、「お金はエネルギー」だからこそ、これまでお伝えしたエネルギーと周波数の仕組みを、現実的なお金というテーマでも活用できます。

エネルギーと周波数の仕組みを使って収入が上がった！　臨時収入があった！　という実例は、これまで本当にたくさんありました。

実際の例を挙げると、第1章でお話ししたように、エネルギーを強く放つことを意識したクライアントA子さんの収入が10倍になったことがありました。

また、私自身もエネルギーをとても強く放った日に、かなりのお金を臨時収入として得たことがあります。

このように、エネルギーと周波数を正しく扱えるようになると、現実を豊かにすることができるのです。

「えー、本当に?」と夢のようなお話に聞こえるかもしれませんが、安心してください。

この章では、豊かさを得ていく方法について、ワークを盛り込みながら丁寧に解説します。

さて、私たちは日常過ごしている中で、お金に対して様々な意味付けを無意識にしています。お金に対する意味付けほど、人によって個人差が多いものはないかもしれません。

例えば、「お金が好き！」と声を大にして宣言できる人もいれば、「お金は汚いもの」と心のどこかで思っている人もいるかもしれません。

または、「お金自体は好きなんだけど、支払いの時には恐怖心が湧いてくる」というケースもあると思います。

「素粒子は観測した通りに現実に現れる」という法則があります。

まさに、お金は私たちが無意識に「こういうものだ」として見ている通りに動くものなのです。

初めに、現在のあなたが持っているお金に対する固定観念をチェックするワークをお伝えします。

自分がお金に対してどういうふうに見ているのか、これまで考えたことがない人もいらっしゃると思います。自分がどのようにお金について捉えていて、どのようにこの現実を創っているのか、一度確認してみてくださいね。

お金のワーク①

お金に対する固定観念を知るワーク

豊かになる前段階として、お金に対してどんなイメージを持っていて、どのような周波数を放っているのか、自分の現在の状態を確認するワークです。

1　実際にお金を手に持ってみて、あなたの心にどんな感覚が湧いてくるかを見てみましょう。または、お金を貰った時の感覚もイメージしてみましょう。

私にとってお金がある時に感じる感覚は…

例）好き／きれい／かわいい／軽やか／愛／心地よい／美しい／幸せ／怖い／重い／不安

2　普段、お金に対して思っていることを書いてみましょう。

私が普段お金について思っていることは…

3　お金を支払う時に思うことを書いてみましょう。

私がお金を支払う時に感じることは…

このように、お金に対する様々な見方を明らかにすることによって、お金があることに対して恐怖心はないけど、

・支払うことが怖かったんだ
・お金自体によい印象がなかったんだ
・意外とどこにも問題がなかったんだ

というように、お金に対する固定観念がわかってくると思います。

ひとえにお金の問題といっても、どの部分で望ましくない固定観念を持っているのか、どの部分で低い周波数を出しているのか、それに気がつくことが豊かになるための第一ステップです。なぜなら、どの部分にお金に対する望ましくない固定観念があるかによって、取り組むアプローチが変わってくるからです。

もし、このワークで望ましくない固定観念があったことに気がついた時は、この章の中にある様々なワークを行ってほしいと思います。そうすることで、あなたが持っているお金に対する固定観念が書き換えられ、現実が豊かな方向に変わっていきます。

そして、この章のワークをすべて行った後に、もう一度この「お金のワーク①」を行って、お金に対する固定観念をチェックしてみてください。

きっと、あなたの中によい変化が起きていることでしょう。

これから、エネルギーをベースにした「お金の見方」のレッスンが始まります。

あなたの中に眠っている豊かさの扉を開いていきましょう！

高い周波数で「お金を支払う」と、拡大して返ってくる！

「お金のワーク①」を行っていただくと、お金について、

・「安心」がベースの肯定的な気持ち
・「不安」がベースの否定的な気持ち

この両方の気持ちを持っていることに気がつく方が多くいらっしゃいます。

特に、「不安」な気持ちがある方の場合、お金自体は好きだけど、支払いする時に「不安」な気持ちになるという「お金が減ることへの恐怖心」を持っているケースが多々あります。

このように、自分の中でお金に対して「安心」と「不安」の感情を両方持っている場合は、感情の振れ幅が大きいことによって、周波数も高い周波数と低い周波数を交互に放っていることになります。

すると、周波数が高い状態を維持できなくなり、安定的に豊かな現実を創り出すことが難しくなってしまうのです。

実は、あなたがお金に対して「不安」を感じている時は、お金自体に不安による低い周波数があるわけではないのです。あなたが元々持っている「不安」という感情の周波数を、お金にくっつけているに過ぎません。

何かを失う恐怖、減ることへの恐怖。

それらを、お金に映し出してしまっている……。これが「お金のブロック」の正体です。

なので、本当はお金自体に問題があるわけではないのです。

自分の持っている低い周波数をお金に乗せているから、よい循環が起きにくくなっている。それが、豊かさを得られない時に起きているエネルギーの法則なのです。

まずは、自分の中にある「不安」という感情の周波数がお金に映し出されていたんだ、ということに気がつくこと。それが、豊かさを得ていく上でとても大切なことになります。

そして、もう一つ豊かさについて大切な周波数の仕組みがあります。

あなたがお金を払う時に恐怖を感じてしまうのは、「与えると、失う」という、間違った固定観念を信じていることが大きな要因になっています。

周波数の仕組みとは、自分が放った周波数が、現実に具現化するという仕組みです。

それは、**「出したものがそのまま自分に返ってくる」**ということ。

ですから、あなたが「不安」からお金を出してしまっている場合は、「不安」という現実を受け取ることになるのです。

しかし、逆に言えば、「安心」してお金を出した場合は、「安心」がちゃんと現実として返ってきます。

あなたが放った周波数が、現実に現れて返ってくる。

これがエネルギーの世界のルールであることを知るだけで、あなたの周波数は大きく変化していくことでしょう。

それでも、お金に対して「不安」という低い周波数が出てしまう場合、その時はまず第２章でお伝えした「クリアリングワーク」を行ってみてください。「不安」を感じている自分に寄り添い、受容する。それだけであなたの周波数は高くなります。

また、どうしても支払いの時だけは、「不安」という感情からくる低い周波数が出てしまうという方は、後述する「お金のワーク②」を試してみてくださいね。

私自身も、昔はお金を支払う時にドキドキすることがたくさんありました。お金がどんどん減ってしまったらどうしよう……という想いからお金を扱うため、ネガティブな現実が創られていました。

しかし、エネルギーのルールを理解してからは、高い周波数に自分を整えてからお金を支払うことを習慣づけてみました。

心地よく、「お金さん、行ってらっしゃい！　みんなの幸せのために役立ってきてね」という想いを持ってお金を出すようになってから、逆にどんどんお金をいただくことが増えたのです。

あなたが放った周波数と同じように、お金は動いてくれる。

そんな豊かな現実を創り出す力が、私たちには備わっているのです。

幸せになるためのエネルギーポイント

☆お金自体に問題があるわけではなく、お金を通して放っている自分の周波数が現実を創っている

☆あなたが高い周波数の感情を持ってお金を支払うと、豊かさがちゃんと返ってくる

お金のワーク②

お金を支払う時に、高い周波数を放つワーク

お金を支払う時に「不安や恐怖」という低い周波数が出てしまう時。

自分の周波数を高くしてから、お金を支払うことができます。

1　あなたが実際にお金を支払う時、心の中に「不安や恐怖心」が湧いてきたら、以下の言葉を唱えてみましょう。

「このお金でみんなが幸せになりました。ありがとう」

お金だけではなく、お金を生み出してくれている「ゼロポイントフィールド」にも感謝を伝えましょう。

その時に、時間がとれる場合は、出したお金がどんどん社会に循環して、誰かの幸せに繋がっている……そんなイメージをしながら、安心する感覚を感じてみてください。

2　もし、急ぎでお金を支払う場合は、「お金とは、愛の循環の道具です。みんながこのお金で幸せになりました。ありがとう」と心の中で宣言して支払うだけで大丈夫です。

「お金が欲しい」時の周波数をチェックすると、引き寄せの力が上がる！

もっとお金が手に入ったらいいなぁー。
豊かな暮らしをして楽しみたいなぁー。

日々の生活の中で、こうした想いを持つことが本当によくあると思います。

ですが、当たり前に思ってしまう「お金が欲しい」という想いが、周波数の仕組みの中では、逆効果として働くことがあります。

私たちが「お金が欲しい」と思った時の「動機」の周波数＝「お金が足りない」と

いう欠乏感による低い周波数が、現実に形作られます。

この仕組みは、心理学や潜在意識などの分野ではすでに定説になっていて、「お金が欲しい」と思っている時は「お金がない」という現実を創るのです。

お金と周波数は別物です。あなたの中にある欠乏感という低い周波数をお金にピタッと貼り付けてしまうことで、いつもお金が足りないという現実が創り出されているのです。

また、「お金がない」時に限って、なぜかたくさん何かを買ってしまいたくなることはありませんか？

「足りない」という欠乏感を強く持っている時、「不安を外側の何かで埋める」という反応が出てしまい、お金を過剰に使って不安を埋めようとすることが多々あります。

周波数の仕組みとは、自分の放った周波数が現実として創り出されるという仕組みです。そのため、欠乏感から何かを購入したとしても、また「何かが足りない」という欠乏感の現実を生み出すのです。

わかりやすく説明すると、私たちが強く「お金が欲しい」と思う時、

「足りない」という欠乏感がある

↓

それによって、何かを過剰に得ようとして「不足感」を埋めようとする

↓

欠乏感という低い周波数が出ているので、
また「何かが足りない」現実が創られる

↓

より一層「足りない」という不足の想いが強くなる

……というようなスパイラルが起きています。

欠乏感からくる「欲しい、欲しい」が止まらないことは、お金というテーマの中でかなり問題かもしれません。

このように、あなたの中で「足りない」という想いが強い場合は、なかなか「今すでにあるもの」を見ることは難しいと思います。しかし、難しくても、**自分が持っているものに気がつき、「今すでにある」という安心感を持つことで、豊かな現実が創られます。**

当然、今がとても豊かさに満たされている状態でも「もっと欲しい」という感情が湧き上がることがあります。この時の「欲しい」と感じる状態は、「欠乏感」からくる「欲しい」と感じる状態とは、「動機」に大きな差があります。

「動機」が「欠乏感」か「安心感」かによって、引き寄せる未来が大きく変わるのです。

・「欠乏感」がベースにある「欲しい」は叶いづらい
・「安心感」がベースにある「欲しい」は叶う

と覚えていただくといいかもしれません。

大切なのは「動機」の周波数。この周波数がどのようなベースなのかに注目してください。

「欠乏感」の周波数が強く出てしまう方は、少しずつ現実に対する見方を変えていくことで、「安心感」という周波数にしていくことが大切です。

そのためには、「本当は私の周りには、自分が必要とするものがちゃんとあったんだ」という「すでにある」の感覚を感じることで、「欠乏感」が消えて「安心感」が得られるようになります。

「欠乏感」の周波数から「安心感」の周波数へと変えていくためには、まずは第2章の「クリアリングワーク」や「癒しのワーク①②」を行ってみて、自分の低い周波数を高い周波数へと変えていってくださいね。

それでも、「欠乏感」が消えない方は、後述する「お金のワーク③」を行ってみてください。このワークは「欲しい」という「欠乏感」を手放し、「安心感」が定着するワークです。

このように、あなたの中に強く残っていた「欠乏感」の周波数が消えて、私はたくさんの「ある」という世界に囲まれていたと気がついた時に、あなたの現実には豊かさが至る所からやってくるのです。

幸せになるためのエネルギーポイント

☆「お金が欲しい」と思う時、「欠乏感」からそう思っているのか、「安心感」からそう思っているのかを確認すること
☆あなたが「自分にはたくさんの豊かさがあった」と気がついた時に、豊かさがやってくるようになる

お金のワーク③

豊かさに対する欠乏感を安心感に変えるワーク

「ない」という「欠乏感」を「安心感」に変えていきたい方にお勧めです。

1　初めに、紙やメモに「自分があると思うもの」を書き出してみてください。家、食べ物、友達、家族、服…といったように、どんどん思いつくものを書き出してみましょう。

2　書き出したものを眺めてみて、その時に感じる感情に注意を向けてみてください。ほっとする感覚が湧いてくる人は、そのままじんわりと感じてみましょう。今、望むものが「ある」ことに、感謝の気持ちを持ちましょう。これが「ある」という安心感の周波数になります。その感覚を感じることで、どんどん「ある」という周波数の波動が世界に放たれていきます。

3　もし、何も感じない場合は「ない」と感じることを書き出してみてください。お金がない、家族がない、友達がない……というように。書き出したものを見ながら、どんな感覚が湧いてくるのかを感じてみましょう。「ない」のほうに安心感があるなら、「ないことが心地よい」。それが現在のあなたの心が落ち着く状態です。無理やり「あるを感じよう」とするのではなく、めいっぱい「ない状態」の安心を感じてください。

※なぜなら、「ない状態」に安心していたんだと認めることで、ようやく「ある」世界を体験したいと選び取ることができるようになるからです。

4　そして、「ある」にしても「ない」にしても、安心することができていたら周波数が高い状態になっています。この状態で、「本当はどうありたいのか？」という望む方向を意図し、少しずつ「ある」を感じる練習をしましょう。「自分があると思うもの」をもう一度書き出して感じ方の変化を見てみましょう。１〜３を何度も繰り返しながら練習してください。

あなた自身の周波数が変わらなくても、豊かさの周波数にチューニングできる秘密！

ここまでのワークを行っていただくことで、あなたが「お金」を見ている時に出している周波数が少しずつ変化してきたことでしょう。

それでも、なかなかお金に対する低い周波数の想いが消えないなぁー。

という方には、「自分自身を変える」のではなく、**「お金自体の周波数を変える」**という方法があります。

この「お金自体の周波数を変える」方法は、お金に対する抵抗感があり、なかなか自分を変えにくいという方にお勧めの裏ワザです！

お金にまつわる私自身のお話をさせてください。

私も、昔はかなりお金に対する抵抗感が強い人間でした。生まれつき金銭面で制限を受けることも多く、「お金は怖いもの」という偏った固定観念を自分自身に張り付けて過ごす時期が長かったのです。

しかし、そんな私が個人でお仕事をするようになった時、どうすればお金に対してのネガティブな固定観念を手放し、豊かに生活できるだろうか……と考えました。

そして、エネルギーの法則について考えていた時、とあるインスピレーションを受けました。

豊かさに対する抵抗感が根深い場合は、自分自身の周波数を変えていくだけではなく、「財布や紙幣」という物自体の周波数を上げてしまえばいいんだ！　ということに気づいたのです。

そこで、毎日財布の中にある紙幣を、「麻」という高い周波数の波動を放っている植物でできた和紙で丁寧に拭くことを習慣にしました。そして拭いた紙幣は、いつも私の目につくところに積み上げるようにしていました。

また、財布もその和紙で撫でながら、財布用のベッドを作ったり、時には一緒に寝たりしながら……（笑）、とにかく愛情をかけて扱ってみました。

その習慣を持つようになってから、どんどん仕事が繁栄するようになり、あっという間に収入が何倍にも上がったのです。

今お伝えしたことを、波動と周波数の仕組みからもう一度解説すると、

・どうしても自分自身の周波数が変わりにくい場合は、お金自体の周波数を変えてしまいます。実はそうすることで、お金自体の周波数だけでなく、自分の中にあ

るお金に対する偏った「固定観念」も外れ、自分自身の周波数が変わってしまうのです。

・そして、財布やお札を、常に自分の視界に入るようにしていたこと。これは、素粒子の仕組みである「観察したものが世界に現れる」という理論を活用しています。意識を向けているものは、必ず自分の世界に現れるようになっているのです。

このように、お金自体の周波数を高めていくことによって、「お金とは美しいものだ」「お金はちゃんと私の世界にある」という肯定的なイメージをどんどん自分にインストールできるようになります。

そして、その**お金に対する肯定的な高い周波数が放たれることで、お金があなたの世界に現れるようになる**のです。

もしあなたが、「どうしてもなかなかお金に対する低い周波数の想いが消えない……」「どうしても自分を変えられない」という時は、次のワークを実践してみてください。実際に私が行っていた「お金自体の周波数を高めるワーク」で、たくさんの方が簡単に豊かになったので、ぜひ試してみてくださいね。

幸せになるためのエネルギーポイント

☆お金に対して肯定的な高い周波数を持つことで、お金はあなたの世界に現れる
☆お金に対する低い周波数の想いが消えない時は、「お金自体の周波数」を高くしてみる

お金のワーク④

お金自体の周波数を高める浄化のクイックワーク

なかなかお金への低い周波数となる想いが変えられない時。
お金自体の周波数を高めることができます。
また、お札だけではなく財布やカードなどにも活用できます。

1　左手にお札をのせ、右手の指でお札の上から納豆を巻き取るようなイメージで左周りに動かします。その時に、重たく黒っぽいエネルギーがからめとられた感覚を想像してください。

2　からめとったエネルギーを頭の上（宇宙）に向かってポイッと放り投げ、「お札がきれいになりました」と宣言してみましょう。

お金のワーク

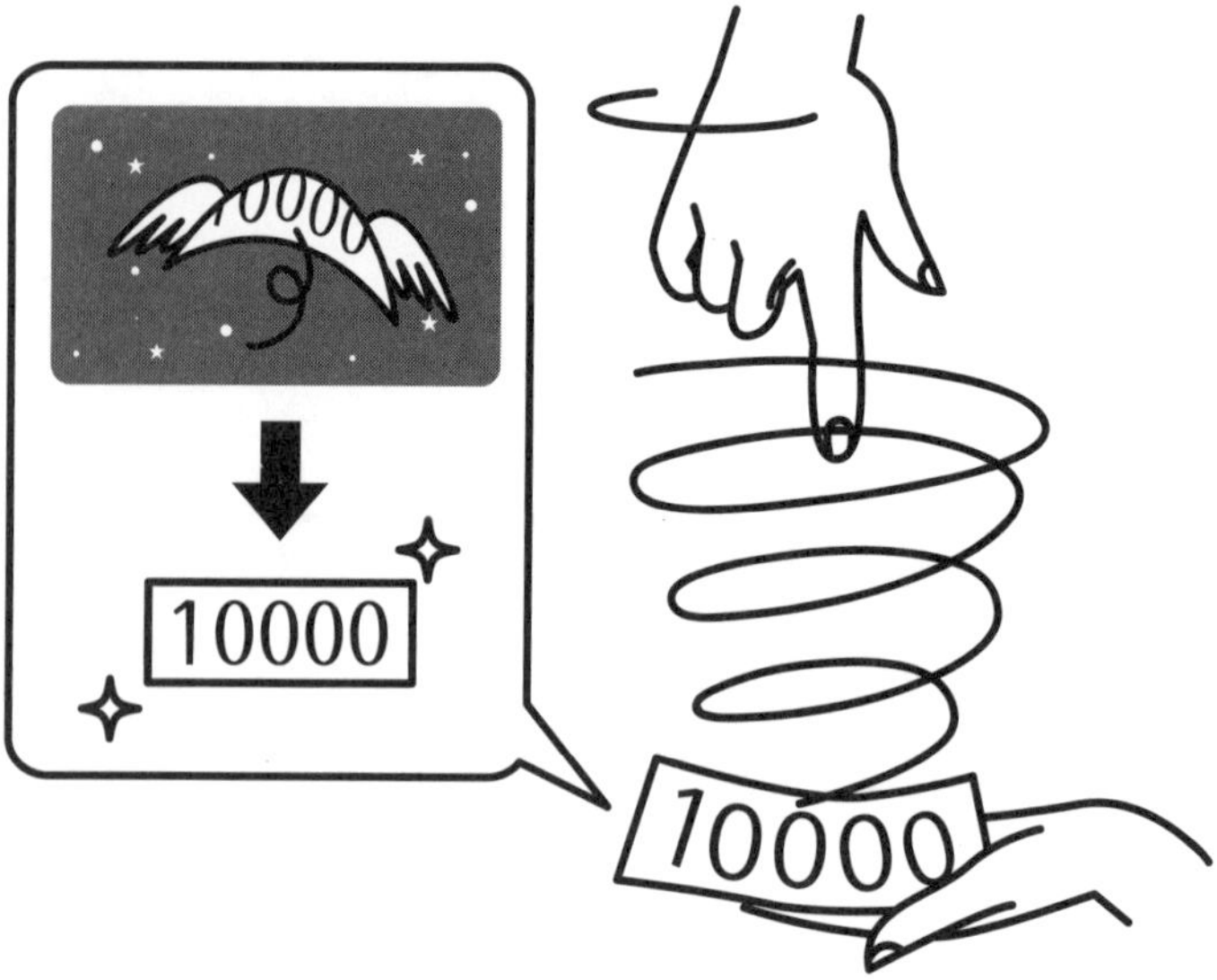

3　最後に、右手からキラキラとした金色の光が出てくるイメージをして、実際にお札を両手で包んでみましょう。きれいになったお札は、そのまま財布に入れてもいいですし、目に入るところに置くのもお勧めです。

豊かさの周波数に満たされている場に行くと、簡単に豊かになれる！

これまでお伝えしたワークを行っても、なかなか「ない」という想いが消えない方のために、もう一つ周波数の仕組みを使った裏ワザを紹介しますね。

それは、豊かさの周波数に満たされている場に行き、自分の周波数を豊かさの周波数にチューニングする方法です。

周波数とは、高い周波数から低い周波数へと浸透し伝わっていく性質があります。

そのため、豊かさの周波数で溢れている場所に行くことによって、自分の中にある低い周波数が高い周波数へと書き換えられるのです。

私たちにとってなじみがあり、豊かな高い周波数とその素粒子の密度が高い場所はどこかというと、神社などの神聖な場になります。

神社は、元々周波数の高い場所に作られているだけではなく、人々の「祈り」の力によって、さらに高い周波数を持った素粒子が集まっています。

神社で参拝すると「願いが叶う」という人が多いのは、高い周波数を持つ素粒子の具現化しやすい性質のおかげです。高い周波数の素粒子が集まっている場所で、「願いが叶いますように」と祈ることによって、すぐに現実へと具現化するのです。

時折、神社では様々な人の想いがあるので、ネガティブな周波数のほうに影響を受けてしまう……という方もいらっしゃるかもしれません。

ですが、その際は「豊かさという高い周波数に自分を合わせます」と、事前に意図を持ってから、神社に行ってほしいと思います。

このように意図することで、私たちは高い周波数のほうにチューニングすることができます。

もちろん、なかには体質的に神社が合わないという方や、宗教上の関係で他の場所のほうが合う方もいらっしゃることでしょう。その時は無理をせず、あなたに合う「氣が高い祈りの場所」に行ってみてくださいね。

さて、あなたが実際に豊かさの氣で溢れた神社に行った時、そこで願掛けをするだけではなく、その神社の敷地内でゆっくりと過ごし、自分の周波数と神社の周波数がなじんでいく時間をとってみてください。

また、「豊かさ」はどうすればもっと増えるのかな？　と、そんな疑問が湧いてきた時も、その神社の周波数になじんでから考えるようにすると、今まで思いつかなかったようなアドバイスが浮かぶようになります。

このように、私たちは自分の力だけではなく場所の周波数の力を借りることによって、自分の力を超えた高い周波数に合わせていけるのです。

また、場所だけではなく、豊かな人が多い集まりに参加してみるというのも、自分の周波数を高める手段として有効です。

なぜなら、実際に豊かさを得ている人と触れ合うことによって、その人の放つ周波数を、自分自身の周波数に共鳴させることができるからです。

また、直接豊かな人と関わり合うことが難しくても、少し高級なホテルのラウンジなどに行ってみることで、その空間に漂っている豊かさや心地よさの周波数を自分に取り込むこともできます。

より高い周波数を放っている場所や人に触れ合うことは、とても簡単に自分を豊かな周波数へと高めることができる方法です。自分の力だけで周波数を高めるのが難しい方は、試してみてください。

最後に、自分の周波数と場所の周波数を同調させていくワークをご紹介します。高い周波数が豊かな場所に行く時は、ぜひ行ってみてくださいね。

幸せになるためのエネルギーポイント

☆実際に豊かな周波数がある場や人に触れ合うことで、簡単に周波数を高めることができる

お金のワーク⑤

豊かさのエネルギーに自分を同調させていくワーク

自分の周波数を豊かな周波数に共鳴させたい時。

「神社」や「素敵なホテル」など素晴らしい周波数で溢れている場所に行って、このワークを行ってみてください。

1　あなたが「豊かさのエネルギーに溢れている場所だな」と感じるところに行き、そこでゆっくりと深呼吸してみましょう。

2　今、あなたがいる場所には、黄金に輝いたエネルギーが空間の中に充満しているのをイメージしてみましょう。あなたが深呼吸するたびに、身体にその黄金のエネルギーが吸い込まれていきます。

3　自分の身体が、この場所と同じ黄金色に輝くまでしばらくイメージを続けてみてください。もう十分にエネルギーが浸透したと感じたら終了です。

愛という最も高い周波数を世界に放つと、爆発的な引き寄せが起こる！

あなたの周波数がどんどん高くなることによって、生活の中に豊かさが溢れてきます。

豊かさの土台が完成した上で、「もっと豊かな生活を送ってみたいな！」と感じた時に、活用してほしい周波数の仕組みがあります。

その仕組みとは、**「無条件の愛」**という最も高い周波数を世界に放った時に、豊かさとチャンスがやってくる、というものです。

わかりやすい例として、「無条件の愛」の高い周波数を世界に放ったことで、大きな豊かさを得た知人のお話をしましょう。

以前、とても豊かな知人が仕事をして得た数百万のお金を、全額ある自然保護団体に寄付しました。すると、これまでずっと売れなかった所有物件が急に売れ、その知人は数週間後に数千万のお金を得たのです。

この知人が行ったのは、寄付することで、「無条件の愛」という高い周波数を社会全体に与えたこと。

それによって、数週間後にはその高い周波数に合った豊かさを一気に得たのです。

私自身も、こうした「無条件の愛」の周波数のミラクルな力を経験したことがあります。

昔、ある震災で倒壊した神社がありました。私はその神社がとても好きだったので、神社復興のためのチャリティイベントを行ったことがあります。

そして、そのイベントを通して得たお金を、その神社の復興支援として寄付したのです。すると、その後仕事がとても繁栄し、こうして本を出版するまでになりました。私だけではなく、神社復興の寄付を募り、その後豊かになったという方は本当にたくさんいらっしゃいます。

この出来事について、もう少しわかりやすく周波数の視点から解説します。

あなたが放っているエネルギーは、通常はあなたから距離の近いものに影響を与え、遠くなるほどにその影響は薄くなっていきます。

しかし、社会貢献や寄付という形で、社会の広い範囲にまで「無条件の愛」という高い周波数を放つことによって、膨大なエネルギーが動くことになります。

そして、こうして動いた**膨大な高い周波数のエネルギーは、たくさんの豊かさやチャンスという形であなたの現実に現れる**のです。

あなたが、もっと大きな豊かさのステージを生きてみたい時は、ぜひこの「無条件の愛」の力を体験してほしいと思います。

もし、いきなり大きな寄付をするのは難しいという方は、自分の中で無条件に愛することができる人に、お金を与えてみるとよいかもしれません。

例えば、子供が生まれるとその家は収入が上がるというお話を聞いたことはありませんか？

自分の子供という無条件に愛を注ぐことができる人に、お金を惜しみなく使うと、その分の豊かさがちゃんと入ってくるようになります。

愛する子供、友人、恋人……そして、社会貢献のためにお金を使った時に放った高い周波数は、必ずあなたに返ってきます。

それが、自分の想像を超えた豊かさを得たい時に、意識してほしいエネルギーの法則になります。

幸せになるためのエネルギーポイント

☆大きな豊かさを得たい時は、「無条件の愛」という高い周波数を放ってみる

第4章

幸せな未来の周波数をキャッチして、望む仕事を手に入れる方法【仕事編】

これからの時代のスタンダード「直感的」仕事スタイルとは？

あなたは今、「仕事」についてどういう想いを持っていますか？

「仕事」と一括りにしても、人によって様々な悩みがあることでしょう。

仕事自体は好きなんだけど、人との関わりについて悩んでいる方、もしくは、自分にとって本当にやりがいのある仕事は何なのだろう？　と悩んでいる方が多数いらっしゃると思います。

特に、２０２０年は新型コロナウイルスの影響もあり、仕事のスタイルが大きく変わったという人も多いのではないでしょうか？

これからの時代は、思考やノウハウを用いながら仕事をしていく時代ではありません。

時代はまさに、あなたのことをすべて見通してくれる力……自分の中にある「神様のような力」や「未来の自分」に繋がりインスピレーションを受けながら、その通りに動いていく……という前例のない「直感的」仕事スタイルへと移り変わり始めています。

だからこそ、私たちはこれまで以上に周波数の仕組みを使いながら、仕事をしていくことが必要になると感じています。

この章では、これからの時代のスタンダードとなる「直感的」仕事スタイルの実践方法ついて説明していきますね。

あなたの周波数が高まると、素敵な未来の可能性にアクセスできる！

2020年は時代の大きな転換期だったこともあり、転職する方も多い年だったと思います。しかし、転職するにしても、どのような仕事を選べばよいのか迷うこともありますよね。

こうした「転職」の悩みをどう解決していくのかについて、周波数の仕組みを用いながら順を追ってお伝えしていきます。

この前人未踏の時代にあなたを新しい仕事へと導いてくれるのは、あなたのこれまでの経験ではありません。

「今この瞬間にいる未来の自分」にアドバイスをもらい、理想とする仕事に就いていくこと。それが、これからの新しい仕事の選び方になります。

では、どのようにして理想の仕事に就いている「未来の自分」に繋がることができるのでしょうか？

その方法とは、**すでに望む仕事に就いている「未来の自分」にアクセスし、そのアドバイスに従って行動をしていく**という方法になります。

ここで、私たちを構成している素粒子の仕組みについてもう一度おさらいしてみましょう。

素粒子には、「多世界相互作用理論」……すなわち、パラレルワールドという仕組みがあると第1章でお伝えしました。このパラレルワールドについてわかりやすく説明すると、「今この瞬間に、過去や未来も同時に存在しており、様々な状態の自分が無数に存在している」ということです。

例えば、今この瞬間には「この仕事はとてもいい条件だ！」という仕事に就いている「未来の自分」もいれば、「いまひとつの職場だな」と感じている「未来の自分」も存在しています。なかには、「仕事を辞めたい」と思いつつも、まだ今の仕事を続けている「未来の自分」もいるかもしれません。

このように、無限に存在している「未来の自分」の中でも、本当に望む仕事に就き、幸せな人生を過ごしている自分にアクセスしていくこと。

これが、あなたが周波数の仕組みを使って理想とする仕事に「転職」するために必要になります。

では、どのようにして理想とする仕事をしている「未来の自分」にアクセスできるのでしょうか？

その方法とは、あなたが自分の周波数を高めること。
これこそが唯一の方法といっても過言ではありません。
なぜなら、**あなたが無限に存在している「未来の自分」に対し、どの可能性にアクセスできるかというと、「今のあなたが出している周波数領域」にアクセスできる、というエネルギーの法則**があるからです。

つまり、あなたが低い周波数の状態では、低い周波数領域の「未来の自分」にしかアクセスできません。しかし、あなたが高い周波数の状態にある時は、高い周波数領域の「未来の自分」にアクセスすることができるのです。

この「自分の周波数によって、未来の自分の可能性が変わる」ということについて、あるお話を紹介しますね。

これまで私が相談を受けたケースの中に、「今の仕事が嫌で仕事を辞めたのに、また同じような環境の職場に勤めることになってしまった」という悩みを持ったクライアントがいらっしゃいました。

このようなケースでは、まず「嫌だから辞めよう！」と否定的な低い周波数が出ている状態で新しい仕事を探している方がほとんどでした。しかし、仕事を探している時に低い周波数が出ていると、「この仕事がよさそうだわ」と新しい仕事を選んだとしても、また同じような職場に勤めてしまう……というエネルギーの法則が働きます。

このようなケースの方には、「転職する前に、今勤めている職場の環境の中で自分の周波数を高めていく」という練習をしていただきました。

例えば、自分がどうしてこの職場の環境を創り上げたのか？　という原因となる周波数をしっかり見つめ直していただいたのです。そして、低い周波数を整えてもらってから、「この職場でよかったな」「本当に学ぶことも多かったし、お世話になったたな……」と、高い周波数を放つ時間を多くとってもらいました。

すると、その高い周波数に引き合うように、新しい仕事の情報がやってきて、理想の職場に転職できた方が多くいらっしゃいました。

この例のように、あなたが新しい仕事に転職したいと感じている時は、

・高い周波数の状態でアクセスできる「未来の自分」の可能性
・低い周波数の状態でアクセスできる「未来の自分」の可能性

とでは、まったく異なる可能性にアクセスすることになるということを、まずは知っていてほしいと思います。

「あなたの周波数が高くなると、それに合った未来の可能性にアクセスできる」

これが、理想の仕事に就いている「未来の自分」にアクセスする秘訣なのです。

幸せになるためのエネルギーポイント

☆転職を考えている時は、まず自分の周波数を高めていくこと
☆周波数が高まることによって、素敵な「未来の自分」にアクセスできる

「未来の自分」からメッセージを受け取り、理想とする仕事に就く方法

さて、素敵な「未来の自分」の可能性にアクセスできるようになったあなたが、こ

れからどのように進んでいけばよいのか、さらに詳しいプロセスを説明していきますね。

実は、私たちには常に「未来の自分」から「あなたが望む仕事に就くためには、こっちに進んだほうがいいよ！」というメッセージが送られています。

そして、この「未来の自分」からのメッセージを受け取り、その方向に進んでいくことこそ、これからの時代の「直感的」仕事スタイルにとって必要なことなのです。

「未来の自分」からメッセージを受け取るためには、まずは、あなたがリラックスして「未来の自分」からメッセージを受け取りやすい状態になることです。

例えば、温泉に浸かってぼーっとしている時に、ふと悩んでいることへのアドバイスが浮かんでくることはありませんか？

このように、あなたが「ふーっ」と緩んだ時は、あなたの脳波はθ《シータ》波という「未来の自分」からのメッセージをキャッチしやすい状態になっています。

もし、あなたが「未来の自分」からのメッセージをキャッチしたいと思った時は、日々の生活の中で瞑想する時間や、リラックスする時間を多くとってみてほしいと思います。


皆さんの中にはもっと早く、わかりやすいメッセージが欲しいと思う方もいらっしゃることでしょう。そんな時は、エネルギーの仕組みを活用して、意図的に「未来の自分」からメッセージを受け取れる方法があります。

その方法とは、**「実際に未来の自分に問いかける」**という方法です。


素粒子には、「今この瞬間に過去や未来が同時に存在する」という性質があります。

そのため、あなたが「未来の自分から、次の仕事についてのメッセージが欲しい」と思ったと同時に、「この道に進めばいいんだよ」という「回答」が現れる、時間の概念を超えた現象が起こっています。

あなたが、望む「未来の自分」からメッセージを受け取るには、ただ「未来の自分」に質問するだけ。そして、心を静かに整えて、日常の出来事をよく観察しましょう。すると、様々な形で「未来の自分」からあなたに必要なメッセージが届きます。エネルギーの法則を活用すると、なんて単純な方法なんだ！　と驚きますよね。

では実際に、「未来の自分に問いかける」ことによって、どのような方法で仕事についてのメッセージが届くのか、具体的な例をお伝えします。

今の仕事を辞めてライターの仕事をしたいというクライアントのCさんは、どうやってライターの仕事に就けばいいのか、わからずにいました。
そこで、この「未来の自分に問いかける」方法をCさんにお勧めしてみました。
すると、その日の夜にCさんは「未来の自分」に向かって、「ライターの仕事に就くためのわかりやすいメッセージが欲しい」と伝えるイメージをしてから寝たそうです。

次の日に、Cさんがふとネットを見ていると、急にライターになるために必要な情報が飛び込んできました。そして、その情報に従って進んでみたところ、Cさんはすぐに望んでいたライターの仕事に就くことができました。

あなたが「未来の自分」からメッセージが欲しい時は、このCさんのように、「今この瞬間」に、「すでに理想の仕事に就いている未来の自分」が存在しているというエネルギーの法則を信頼した状態で、「未来の自分」に問いかけてみてください。すると、あなたに必要なメッセージがちゃんと現実に現れてくるのです。実際どのようにして問いかけていくのかは、「仕事のワーク①」で紹介していますので、試してみてくださいね。

そして、先ほどのCさんのように、「未来の自分」と常にコンタクトを取りながら日常を過ごしていると、転職に限らず、あなたが仕事のアイディアが欲しい時も、

「すでにその仕事を終えている未来の自分」からインスピレーションをキャッチしやすくなります。

例えば、私自身もこの本を作成する打ち合わせの時に、「すでに本を書き終えている自分」に、意識を合わせた状態で打ち合わせを行っていました。そうすると、どんなテーマで書けばよいのかについてのインスピレーションが浮かびやすくなるのです。

具体的にどのように「未来の自分」からのメッセージが受け取れるかというと、人それぞれにメッセージの受け取り方は異なります。

Cさんのように実際に欲しい情報が現れる場合もあれば、私のようにインスピレーションとして浮かぶ場合もあります。また、誰かからのアドバイスや夢などの形で届く場合もありますし、シンクロニシティ（偶然の一致）という事象を通して、メッセージが届く場合もあります。

どのような形であっても、あなたが「未来の自分」に問いかけたことは、必ず現実

に現れるようになります。そのため、あなたが問いかけた後は、いつもより日常で起こることを気にかけてみてくださいね。

幸せになるためのエネルギーポイント

☆「未来の自分」からアドバイスが欲しい時は、実際に問いかけると必ず答えが届くようになる

☆「未来の自分」からのメッセージに従って動くことが、これからの時代に必要である

仕事のワーク①

理想の仕事に就いている「未来の自分」からメッセージを受け取るワーク

未来の自分からメッセージを受け取り、転職や仕事をスムーズに行いたい時。

1　まず、あなたが理想とする仕事についている状態をイメージしてみましょう。例えば、「人気作家になり、しかも、ゆとりがありくつろぎながら仕事をしている自分」というような大まかな状態を想像してみてください。仕事のアドバイスが欲しい場合は、すでにその仕事でうまくいった未来の自分の姿をイメージしてみましょう。

2　そのイメージの自分が頭の上にいるのを想像し、頭のてっぺんからコンセントを伸ばしてみて、「未来の自分」にコンセントを挿してみましょう。そうすることで、

「未来の自分」とのパイプが太くなります。そして自分が聞きたいことについて、すでに「未来の自分」から答えを受け取ったかのように、完了形で話しかけてみましょう。例えば、「あなたのように、理想の仕事につける方法を教えてくれてありがとう」「仕事がうまくいく方法を教えてくれてありがとう」といったように。この時に、本当に教えてくれて嬉しい、安心する！　という心の感覚を感じてみてください。

3　その感覚を感じることができたら、「未来の自分」に挿していたコンセントを引き抜いて元の状態に戻ってください。

4　尋ねてからは、ノートやメモに、その後思いついたことや浮かんでくることを書き記しましょう。また、その日一日、目に入るものや人から言われたことについて、注意深く観察してくださいね。一日の終わりには、ノートやメモに書いてあることを見直して、似たような言葉や項目はないか、チェックしてください。もし、「未来の自分」からのメッセージがわかりづらい場合は、また1から行ってみましょう。
練習すればするほど、精度が上がります。

「調和の法則」を使うと、あなたの仕事が繁栄していく

次は、今の自分の仕事でどんどん成果を上げていきたいという場合の周波数の仕組みをお話ししたいと思います。

これまでの時代だと、あなたは職場内で競い合い、人よりも努力をすることによって仕事で成果を上げてきたと思います。

しかし、２０２０年以降は、これまでの「無理をして頑張る」という成果の上げ方ではなく、周波数の仕組みを使った成果を上げる方法をお勧めしたいと思います。

なぜなら、今まさに地球全体の周波数が上がってきていることもあり、あなたが出している周波数が現実として現れるスピードが、より速くなっているからです。

そのため、これまでの「競争意識」ベースの仕事スタイルではなく、私たちの本質である調和という高い周波数をベースにして仕事を行うこと。

この方法によって、あなたはこれまで以上に仕事の成果を上げられるようになります。

例えば、あなたがこれまで「あの人やこの人に負けないように仕事をしなければ」と、同じ職場の方と比べながら仕事をすることが多かった場合。

周波数の仕組みでは、実は私には力がないという「無価値感」がベースとなる低い周波数を放っていることになります。

すると、あなたが誰よりも努力して成果を上げよう！　と奮闘していても、あなたが放っている周波数によって、思っている以上の成果が得られにくくなるのです。

これからの時代にあなたが仕事の成果を上げるには、「競争意識」を捨て、その逆

の行動をしていくこと。つまり、あなた自身が職場の方々と比べることをやめて、自分に対して肯定的な想いを持つことが大切になります。

具体的には、あなた自身が仕事をしている自分のことを「よくやっている」と認めていくことが必要です。あなたが「自己受容」という高い周波数を自分に与えることで、職場内で放つ周波数が、高い周波数へと変わっていきます。

そして、あなたに「自己受容」の土台がちゃんとできた時には、同じ職場の方々に対して「競争意識」という否定的な感情を抱くのではなく、会社全体が調和的に発展していくことを考えてほしいと思います。

職場の方々に対して「あの人のここが素晴らしいな」と、肯定的な言葉をかけるだけでも、調和という高い周波数を放っていることに繋がります。

すると、**あなたから放たれる高い周波数によって、あなただけではなく、職場全体までもが大きく発展していく**のです。

自分を中心とした調和という高い周波数を、自分と職場の方々に放つこと。

これこそが、まずは職場で成果を上げるための重要なポイントの一つです。

さらに、もう一つ宇宙の**「調和の法則」**という仕組みを用いて、あなたの仕事の成果を上げるポイントがあります。

そのポイントとは、あなたが受け持った仕事の中で「得意な仕事」と「苦手な仕事」についてしっかりと把握して、できる限り苦手な仕事は仲間に協力してもらうということです。

「え？　成果を上げたいのに他の人に仕事を任せるの？」と思う方もいらっしゃるかもしれません。

宇宙の「調和の法則」を使うには、あなたがすべての仕事を自分だけの力で背負い込むのではなく、同じ職場の仲間たちの力を借りながら、相互に調和が生まれる環境作りを行うことが大切なのです。


ここで、クライアントJ子さんのお話をさせていただきます。

介護の仕事に従事しているJ子さんは、自分にとって少し「苦手」な患者さんの担当になりました。

J子さんはしばらくその患者さんの担当を続けていましたが、宇宙の「調和の法則」を知った後、「私はこの患者さんを担当することが苦手かもしれない」と、正直に心の中で認めたのです。

そして、「私が苦手なことは、他の誰かが代わってくれるに違いない」という想いを持ったまま仕事を続けていました。

すると、J子さんはただ心の中だけで「苦手」だと認めただけなのに、同じ職場の先輩の方から「代わりにその患者さんを担当しましょうか?」とお声がけがあったのです。

Ｊ子さんは快く先輩を頼り、イキイキと仕事をするようになったところ、Ｊ子さんも先輩も、同じように職場からの評価が上がり昇給したのでした。

このように、あなたにとって難しいことは、それが得意な方がちゃんと存在していて、代わりにやってくれる。つまり、お互いに助け合うことができるのです。宇宙は完璧に調和的に存在していると信じることこそ、これからの新しい時代に必要となる考え方です。

そして、あなたがＪ子さんのように、宇宙の「調和の法則」を使うには、自分の「苦手だな」という本当の気持ちに正直になることがポイントです。

この時に、真面目な方は「苦手だと思う自分はいけない」と自分を責めてしまうこともありますが、ただ素直に自分の気持ちを認めることは、他者や自分を攻撃することではないので、そこは安心してくださいね。

J子さんのように、「苦手」を認めるだけで周りの方が動いてくれることもありますし、実際に頼れる方がいる場合は、自分から「協力してほしい」と伝えてみてください。

また、あなた自身も同じ職場の仲間が困っていることがあれば協力していくこと。

このように、あなたが調和の中心となったイメージで動いていくことが、宇宙の法則を使って成果を上げるために必要となるのです。

改めてポイントをおさらいすると……

- **自分と相手との調和を考えて、お互いを肯定すること**
- **同じ職場の方々と協力して、調和的な環境作りを心掛けること**

この二つのポイントが、

あなたが新しい時代に仕事で成果を上げるための秘訣なのです！

幸せになるためのエネルギーポイント

☆あなたが仕事の成果を上げるには、自分と職場の相手を肯定すること
☆自分の「苦手」を認めて肯定した時に、宇宙の「調和の法則」が働く
☆職場の仲間とともに協力しながら心地よい仕事環境を作ることが、あなたの成果に繋がる

「人間関係」によい変化を起こすには、抑圧していた感情に向き合うこと

これまで、私がカウンセリングを行ってきた中でいちばん多かった仕事の悩みは、「職場内の人間関係がうまくいかないんです」という「人間関係」についてでした。

一般的な会社では、一つの職場の中に様々な価値観の人が存在しています。会社では、あなた自身の周波数とは異なる周波数を持つ方たちと共に過ごす機会が多く訪れます。

本来、エネルギー体である私たちは、同じ周波数同士の人々といることで心地よさが生まれるようになっています。そのため、職場の環境のような様々な周波数の方がいる空間では、お互いの関係性において不協和音が生じやすいのは自然なことです。

このような職場内の「人間関係」の問題について、クライアントのケースを紹介しながら、どのように改善していけばいいのか説明していきます。

まず、あなたが勤めている職場にどうしても苦手な人がいて、つい気になってしまう場合。一般的な考えだと、このような場合は「私には苦手な人がいる」と、「自分」と「苦手な人」を切り離して考えてしまうことがほとんどです。

しかし、これまでお伝えした周波数の仕組みでは、あなたが職場にいる苦手な人のことが気になってしまう場合は、「自分の中にある苦手な人と共通した周波数が、その人との繋がりを創っている」と考えます。

「え？　どういうことなんだろう」と思う方のために、ここで、ある二つのケースをご紹介させていただきます。

以前、職場の「人間関係」について悩んでいるR子さんが相談に来られました。

R子さんは元々自分に対して厳しいところがあり、「同じ職場の他の方よりも優れていなければいけない」という固定観念を強く持っていました。

そして、「もっと頑張らないといけない」という想いから、自分に対して「攻撃的」な低い周波数を放ち続けていました。

すると、職場内にいる厳しい上司から目を付けられ、叱《しか》られたり、お客様との間でトラブルが起きてしまったり……ということが続いていました。

このように、R子さんは、自分に対して厳しい想いを持つだけでしたが、それが結果として「攻撃的」という低い周波数を放つことになっていたのです。

その結果、「攻撃的」という同じ低い周波数を持つ上司やお客様と繋がってしまう…という現実を創っていたのです。

そこで、R子さんに「1週間、自分に対する否定的な見方をやめて、肯定的な言葉がけをしてください」というアドバイスをしました。例えば、自分としては褒めるべきところではないと思っても、「今日もよく頑張って仕事をしたね」「私は本当に偉いね」というような肯定的な言葉がけを多く実践してもらいました。

すると、R子さんにどんどん不思議なことが起こりました。

まず、R子さんに対してずっと厳しい扱いをしていた上司から、急に褒められることが増えたそうです。そして、お客様との関係性もよい方向に改善し、トラブルがすっかりなくなったのです。

R子さんはずっと自分一人が頑張ればいいんだという想いで厳しく仕事をしていましたが、それが逆効果になっていたのだと気がつき、低い周波数を放つ癖を改善したことで、劇的に状況が変わったのです。

また、皆さんの中には、今からご紹介するMさんのようなケースで職場の人間関係に悩みを持っている方もいらっしゃるかもしれません。

Mさんは、いつもガミガミ怒っている職場の上司のことがずっと気になっていました。そして、「職場にずっと怒っている人がいて不快なんです」という悩みを抱えた状態で相談にいらっしゃいました。

カウンセリングを行うにつれて、私はMさんの心に秘められている想いを感じる瞬間がありました。「本当は、Mさん自身も何か怒りたいことがあるのではないでしょうか？」と伝えたところ、Mさんがハッとしたのです。

実は、Mさんは複雑な家庭環境で生活していたのですが、「その状況に対して怒ってはいけない」という想いから「怒り」を感じることを深く抑圧していました。

Mさんは自分では本当の気持ちを抑え込んでいるつもりでも、素粒子という目には見えないエネルギーには、しっかりと「怒り」という情報が記録されています。
そしてそれが、Mさんの無意識のうちに周波数として放たれることで、ガミガミと怒りっぽい上司との繋がりを創っていたのです。

そこで、Mさんに「丁寧にこれまでの過去を振り返りながら、自分の中に溜め込んでいた怒りを感じてみてください」と伝えてみました。

しばらくして、Mさんに再びお話を伺ってみると、
「高い周波数を出すために、自分の中にある怒りというネガティブな感情を感じたくなかったんです。ですが、怖がりながらも怒りを感じてみようと許可を出してみたら、本当にたくさんの怒りが抑圧されていたんだと気がつきました。ただ自分の本当の気持ちに気がついて、怒りの感情を感じる練習を行ってみたところ、それからは怒りっぽい上司を見てもなんとも感じなくなって、その上司とは部署が変わることになりました」

という素敵なご報告をいただいたのです。

このように、あなたの中で「○○してはいけない」という抑圧した感情を持っているると、Mさんの職場の上司のように、その抑圧した感情を表現している方との関わりが生じることがあります。

しかし、エネルギーの法則では、この職場の上司との出会いこそが、あなたが「○○してはいけない」と思うことで自分を傷つけていたことに気がつかせてくれ、「もう自分の本当の気持ちを認めていいんだよ」という宇宙からのギフトでもあるのです。

もし、あなたがこのMさんのようなパターンで「人間関係」に困っているのなら、「○○してはいけない」という想いを持つ自分を受け入れて、抑圧していた感情を感じてみてほしいと思います。

どのようにして感情を感じるのかについては、第2章で紹介した「癒しのエネルギーワーク②」を行ってみてください。

職場内で起こる「人間関係」の問題は、R子さんやMさんのように、**自分自身が放っている低い周波数によって、同じ低い周波数を持つ相手と繫がり合って起きている**ことがほとんどです。

だからこそ、「人間関係」においても、あなたが高い周波数を放つようにしていくこと。それが本当に大切なのです。

なかには、本当は相手のことを気にしないようにしたいのに、どうしても相手を気にしてしまう気持ちが収まらない……という方もいらっしゃいます。

このような場合は、相手とあなた自身が繫がりを持ってしまう共通の周波数があるということを受け入れつつも、きちんと相手とのエネルギーの繫がりを切り離していく、ということが必要になります。

相手とあなた自身のエネルギーの繋がりを切り離していく「エネルギーカット」の方法は、「仕事のワーク②」として紹介いたしますので、ぜひ行ってみてくださいね。

幸せになるためのエネルギーポイント

☆職場の「人間関係」は、あなたの出している周波数を整えていくことで改善する
☆自分に厳しい人は、自分を徹底的に認め続けること
☆自分の抑圧していた感情に気がつき、癒すことが人間関係の改善に繋がる
☆どうしても気になってしまう相手がいる場合は、「エネルギーカット」を行う

仕事のワーク②

相手とのエネルギーの繋がりを切る「エネルギーカット」のワーク

なぜか「特定の人」をずっと気にしてしまい、その人との繋がりを切りたい場合に活用してください。

1　ゆっくりと落ち着いた状態で、目をつぶってリラックスしてください。そして、あなたが普段の生活の中で、この人のことがずっと気になってしまうという相手をイメージしてみましょう。

2　相手とあなたとの身体の間に、白いコンセントがお互いに繋がっているのを想像してみてください。そして、そのコンセントのちょうど真ん中辺りをイメージの中でハサミを使って切りましょう。切ったコンセントの切れ端は、その相手とあなた自身の身体の中に回収されていきます。

3　コンセントを回収した後は、自分の身体から20センチほど離れた部分を、身体を包むように金色の光でコーティングしてみましょう。大きな卵の中に入っているような感覚です。そのイメージの中で十分に癒されるのを感じたら終了です。

第5章

周波数の力を使って、幸せな恋愛を体験する方法【パートナーシップ編】

パートナーとの望む関係性を認識すると、その世界へのシフトが始まる

あなたは今、恋愛について気になることはありますか？


「素敵な彼氏に出会いたい」

「好きな人と結ばれたい」

という出会いや結婚について悩みがある方は多いのではないでしょうか？

また、すでにご結婚されている方は、

「今いるパートナーともっと仲良くなりたいなー」

と思っている方もいらっしゃることでしょう。

あなたが放っているエネルギーは、あなたを中心として距離が近い人へと伝わっていく性質があります。そのため、相手との距離が近い恋愛や結婚というテーマは、あなたの周波数が変化することによって、大きな変化を体験することができます。

私自身も自分の周波数を整えることによって、夫との関係を大きく変化させた過去があります。よりよいパートナーシップの作り方について、参考になると思いますので、お伝えさせていただきますね。

私は結婚した当初、自分に対して厳しい側面が強く、自己犠牲的な考え方をして生活することが多々ありました。そうした考えを持ったまま生活する中で、夫からもたびたび、「もっと完璧に家のことをしなさい」という言葉を言われていました。

普段は仲良く過ごすことができる夫なのですが、いつも喧嘩する内容はほぼ同じ。

「家のことを完璧にしてほしい」ということの一点でした。
ですが、私が周波数の仕組みについて学んでいく中で、ハッと気がついたのです。この「完璧にしてほしい」という言葉は、私が幼少期からずっと両親に言われていた言葉だったということに。

これまで、周波数の仕組みで学んだように、相手から「嫌なこと」を求められる時、実は自分が自分に対して「嫌なこと」を課しています。今回のお話では、私自身が「すべてを完璧にできない自分を無意識に否定する」という癖を小さい頃から持っていて、それが夫との関係に現れていたのです。
その時のネガティブな感情からくる低い周波数は、いちばん近い距離にいるパートナーに伝わります。すると、その低い周波数に引き合うように、嫌なことをパートナーから言われるようになるのです。

特に、幼少期から両親に課せられていた「完璧を求められる体験」は、その情報が自分の素粒子の中に保存されていることも多く、両親から自立してもパートナーを通して現実として現れることがあります。

そのことに気がついた私は、「完璧を目指そうとして自分を傷つける」ことをやめました。

どんな私でも元々完璧だし、できない部分は協力し合って生活している。

それがこの宇宙の**「調和の法則」**であることを再認識したのです。

それから毎日、自分のどんなことでも、夫に何を言われても、肯定して認めるようにしました。

そして、自分に対して肯定的な「愛」という高い周波数を出すようにしてから、夫から「そのままでいいよ」と、肯定的な接し方をされるようになりました。

しかし、それでも時には大きく喧嘩をしては仲直りをするというサイクルを繰り返していました。

私たちは、ずっと同じ環境で過ごしていると、同じパターンの繰り返しを続けてしまうことがあります。そして、自分が放った低い周波数が、時としてつらい現実として現れることがあります。その現実を見て「なんでこんな現実が起きるんだ！」と、怒りや悲しみという低い周波数を再び放ってしまう……というスパイラルに入る例もたくさんあります。素粒子は「自分の望む未来への意図」を持たなければ、同じ繰り返しの現実を創り続けてしまうのです。

こうした繰り返しのパターンをやめて望む世界に移行するには、「望む未来の自分」の周波数に、今の自分の周波数を同調させる必要があります。

私自身もこの繰り返しの日々を過ごす中で、ふと**「今の周波数によって体験する現実から抜け出し、『望む未来の自分』がいる次元に移動しよう」**といった意識が芽生えました。

そのためには、「望む未来の自分」は、いったいどのように過ごしているのかを把握している必要があります。今の「喧嘩して、仲直りする」という時間軸が私の本意ではなく、「常に私は安心し、家族みんなが穏やかに生活している」ということが、私の本音であることをしっかりと見たのです。

そして、その「望む未来の自分」の世界に移行するために、第４章でお伝えした「すでにそうなっている未来の自分」からメッセージをもらうワークを行いました。

すると、「仲良くしていくには、しばらく家を出てみるといい」というインスピレーションを受けたので、その通りに数日間家を出てみたのです。家を出たことでとてもリフレッシュすることができ、自分の周波数がどんどん高まっていくことを感じました。

その後、家に帰ってからは夫と喧嘩をすることも減り、望んでいた「みんなが仲のよい、幸せな家族」という日常を過ごせるようになったのです。

このように、**自分が放っている周波数を整え、なりたい「未来の自分」の周波数に「今ここで」合わせていくことで、現実は本当に変わっていきます。**

改めて、私が活用した周波数の仕組みをおさらいしてみると……。

・まず、最も近しい相手からの扱いは、自分が放っている周波数が創っていると気がつくこと

・そして、自分自身の周波数を高くし、自分に対して労わり、愛を与えること。それによって、自分の素粒子の変化が相手を変化させる「量子のもつれ」という仕組みが働いたこと

・自分が本当に望むパートナーとの関係性は何なのか？　を認識し、「すでにそうなっている未来の自分」の周波数に今の自分を同調させたこと

・「すでにそうなっている未来の自分」からインスピレーションを受け、「家を出てみる」ことを実行することでエネルギーの流れを変えたこと

こうした流れを経て、とても幸せな家庭環境を作ることができたなと感じています。

これを読まれた方は、「家を出たから、旦那が変わらざるを得なくなったんじゃない？」と思われるかもしれませんね。

もちろんその要素もあるかもしれませんが、やはり大切なことは低い周波数によって創られていた世界から、高い周波数の世界へと変えていったことだと思っています。

こうした周波数のシフトチェンジを行うには、家を出るということに限らず、旅行をしたり、たまに外食したり……ということでもよいのです。

「望む世界にすでにいる自分なら、どんな行動をとっているか」考え、浮かんできたインスピレーションを大切にして実際に動いてみること。

それがパートナーと仲良く過ごすという望む世界に生きるための大切な方法です。

では、今から実際に様々な例を用いながら、恋愛における周波数の仕組みをお伝えしていきますね！

幸せになるためのエネルギーポイント

☆最も親しいパートナーとの関係性は、自分の周波数が変わることで劇的に変化する

☆パートナーとの望む関係性を認識することで、その世界へのシフトが起きる

パートナーは、あなた自身を映し出す大切な「鏡」の存在

あなたのパートナーシップを良好にしていくために、周波数の仕組みにおいて大切なポイントがあります。

それは、パートナーとの関係性に問題が起きている時ほど、**「パートナーこそ、自分の周波数を映し出す鏡である」**という視点を持つことが大切になります。

私たちはトーラスエネルギーという量子の場を身体に形成しています（身体の周りを大きなシャボン玉が包んでいるようなイメージです）。

そして、トーラスエネルギーは近くにいる人ほど、触れ合い、重なる部分が多くなります（透明なシャボン玉が重なっているのを想像してみてください）。

パートナーシップは鏡の関係

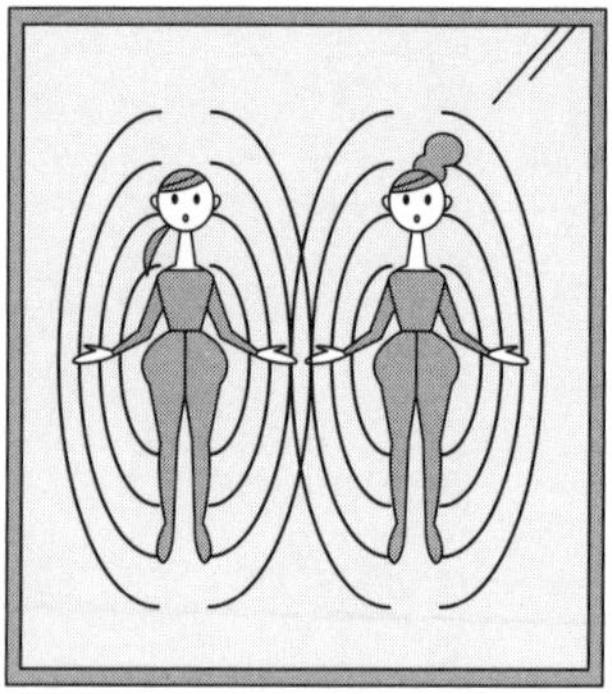

同じ感情、同じエネルギーを持ち、同じ思考と情報を
共有する二人は一つに結ばれる。

ということは、いちばん近い距離にいるパートナーとあなたのトーラスエネルギーは、密接に重なり合っているのです。

そして、このトーラスエネルギーはたくさんの素粒子から構成されており、あなたの中にある様々な情報が記録されています。例えば、素粒子には私が自分に課していた「完璧主義」という想いが記録されていたように、本人が普段隠しているような情報まで、すべて記録されています。

素粒子には、「物質と反物質」という法則があります。

これは、潜在意識と顕在意識、男性と女性、光と闇のように対になる存在や事象が必ず存在しているという法則です。そのため、自分の中にある様々な隠れた想いが、エネルギーの繋がりが深い相手に「鏡」のように映し出されてしまうのです。ですが、相手の問題は自分の隠れた想いだった！　と受け入れた時に、その問題が消えることがあります。これは、素粒子の「対消滅《ついしょうめつ》」という現象です。

パートナーシップに問題を抱えている方の中で、「夫だけなぜかいつも機嫌が悪く、結局は言い争いになってしまうのよ……」と、お話をされる方はいらっしゃいませんか？

この「夫だけいつも機嫌が悪い」という事象は、自分自身を否定するネガティブな想いが、パートナーという最も近い距離にいる人だからこそ、「鏡」となって映し出されているのです。しかし、相手の中に見る自分のネガティブな隠された想いが、自分の中で統合された時、葛藤が消えて、愛という最も高い周波数に変わります。

そうした時に、パートナーとの間に起きていた問題はパッと消滅するのです。

そう考えると、パートナーシップの問題は、自分の周波数を整えるための素晴らしいギフトのように感じませんか？

そして、「鏡」のようにあなたの周波数を教えてくれるということは、自分自身の周波数を高めていくと、必ずパートナーとの関係によい変化が現れます。もしくは、どうしても相手と合わない場合には、より自分の周波数と一致する新しいパートナーへのシフトチェンジが行われるようになるのです。

素敵なパートナーシップを築いていくための具体的な方法を、さらに詳しくお伝えしていきますね。

まず、パートナーとの関係において何か問題が生じた時は、

「パートナーとどのような部分ですれ違うのか」
「何を言われることが嫌なのか」
「どうして反応してしまうのか」
「何をしてほしいのか」

という部分を、「恋愛のワーク①」を用いながら、一度書き出してみましょう。
そして、素直に書き出した自分の本心を受容しながらも、自分自身が低い周波数を放つ感情や想いを持っていないか、もしくはパートナーに与えていないかをチェックしてみてください。

恋愛のワーク①

パートナーとの関係性をクリアにする統合ワーク

パートナーとの関係性を確認し、改善したい時に行ってください。

1　まず、次の4つの質問について、あなたが感じていることを自由に書き出してみましょう。

(1)　パートナーとどのような部分ですれ違いますか？

(2)　パートナーに何を言われることが嫌ですか？

(3)　どうして反応してしまうと思いますか？

(4)　パートナーに何をしてほしいですか？

2　1で書き出した答えについて、無意識のうちに自分が自分にしているネガティブなことはないか、相手にしてほしいと思っていることを自分に対してできているか、相手にされて嫌なことを自分も誰かにしていないか、確認してみましょう。そして、自分の中のネガティブな感情を昇華していきましょう。

(1)　パートナーとどのような部分ですれ違いますか？

例）優しくしてほしいのに、あまり優しくしてくれない

・「優しくしてくれない」ことを、自分が自分にしていないかな？
　←
・「あまり優しくしてくれない」と感じている自分がいたんだね（自己受容）
（自分が自分を否定し、つらい思いをさせていないか？　チェックして自分を否定することをやめる）

　←
・パートナーに同じように厳しく接していないかな？

（攻撃的な低い周波数を放っていないか確認する）

⑵パートナーに何を言われることが嫌ですか？

例）「完璧に家事をしなさい」

・「完璧」になることを自分に求めていないかな？

←

・「完璧」になろうと頑張っていたんだね（自己受容）

←

・パートナーにも「完璧」を求めていないかな？

⑶　どうして反応してしまうと思いますか？

例）頑張っているのに、自分を否定されている気持ちになるから

・自分で自分のことを厳しく扱い、否定していないかな？
←
・頑張っている自分を肯定してほしかったんだね（自己受容）
←
・相手をちゃんと肯定できているかな？

(4)　パートナーに何をしてほしいですか？

例）もっと自分のことを褒めて大切にしてほしい

・自分で自分のことを褒めていたかな？
←

・褒められて、大切にしてほしかったんだね（自己受容）

↓

・相手のことを褒めて、大切にできていたかな？

このように行っていただくだけで、ぐっとパートナーシップがよくなります。

また、パートナーシップに問題が生じている時は、「相手にこうしてほしい、ああしてほしい」と要求が強くなっている場合もあります。「不足」をベースとした低い周波数を放っているために、結果として相手が変わらないのです。

このような場合は、自分の中にある低い周波数を変えていくためにも、「相手にこうしてほしい」と思うことを自分自身が叶えるようにすることを意識してみてください。

ワークに取り組んだ方の中には、「あれ？　パートナーシップなのに、自分が自分に優しくして、欲求を叶えることが大切なの？」と気がついた方もいらっしゃることでしょう。

そう、パートナーシップにおいて大切なのは、「相手から愛という周波数を与えて

もらう前に、自分に愛という高い周波数を与える」ということ。

自分に対して「愛」という高い周波数を与えていると、あなたの心の中に余裕が生まれてくるので、相手のことも受け入れられるようになります。

あなたから人を惹きつける魅力的な「愛」という高い周波数が、どんどん現実に放たれていきます。

すると、なぜかパートナーがあなたを愛してくれるようになる……という素敵な現実を創り出すことができるのです。

パートナーとの関係性を良好にするためのエネルギーワークをもう一つご紹介しますので、合わせて行ってくださいね！

幸せになるためのエネルギーポイント

☆パートナーは、自分の隠された周波数を映し出す「鏡」である
☆パートナーシップを良好にするために、自分とのパートナーシップを良好にする
☆相手に「こうしてほしい」と思うことを、自分自身が叶えるようにする

恋愛のワーク②

パートナーの中にある「愛」を見ることで周波数を高めるワーク

相手の中にある「愛」を感じることで、パートナーに対しての接し方が変わっていきます。また、パートナー自身もとても穏やかになることが増えるワークです。

1　パートナーと共に過ごしている時（離れている場合は、そばにパートナーがいることをイメージしてみましょう）、自分の目線をパートナーの胸の辺りに向けましょう。そして、パートナーの胸の辺りから、ピンク色の光が出ているのを想像してください。もし、ピンク以外の色が浮かんだ場合は、自分が感じた色でOKです。

2　そのピンク色の光のエネルギーには、パートナーの本当の気持ちが込められています。もし、そのピンク色の光のエネルギーを見た時に伝わってくるパートナーの気持ちがあれば、感じ取ってみましょう。なんとなく感じるものでOKです。

3　パートナーから出ているピンク色の光を、イメージの中でどんどん大きく広げていき、その光があなた自身を包み込むぐらい大きく広がるのを想像してみましょう。「パートナーの中には、こんなにも愛が広がっていた」「パートナーの愛に、私はいつも包まれていた」ということが、あなたの心に伝わってきて、温かい気持ちを感じたら、終了です。

恋愛成就したいと思っても、相手と周波数が一致していなければ難しい

好きな人がいるけれども、今は恋愛成就していない場合についてのお話をしますね。まずは、私たちが誰かを好きになる時に起こるパターンについてお伝えしたいと思います。

私たちが誰かに好意を抱く時は、多くの場合「何かを埋めるために相手に恋い焦がれる場合」と「お互いの放っている周波数が共鳴することによって引き合う場合」の二通りのパターンに分けられます。

それは、言い換えると、「一方的に恋をしている時」と、「お互いが心地よく、あり

のままの相手を愛している時」と表現できます。

もしあなたが今、「一方的に恋をしている」状態だと感じているなら、確認していただきたいことがあります。それは、好きな相手を考えた時にどんな周波数が出ているか？　ということをチェックしてみてほしいのです。

あなたが「一方的に恋をしている時」は、どうしようもなく恋い焦がれる気持ちが出てしまい、相手に対して執着してしまう……。それなのに、なかなか相手にその想いが伝わらず、関係性がうまくいかない、ということはありませんか？

また、寂しい気持ちを埋めたい、周りが結婚しているからなんとなく……という気持ちで「恋をしよう」とする場合もあるでしょう。

はじめにお伝えしたいのは、こうした状態が「よくない」ということではありません。ですが、このような状態になっている時は、あなたから「不足」がベースの低い周波数が出てしまっていて、その周波数に引き合う現実が創られています。

あなたに素敵なパートナーと結ばれてほしいからこそ、「相手に対してどんな周波数を放っているのか」に気をつけてほしい……そう思います。

また、好きな人に対してあなたがどうしても執着してしまう時は、相手を「特別視」しすぎているのです。

エネルギーの法則においては、私たちが相手とよい関係性になっていくには自分と相手が同じ周波数になることが大切です。

ですが、他の人と比べてこの人だけカッコいい、素敵だわ～と、「好きな人を特別視する」ことによって、お互いの周波数の高さに違いが出てきます。

周波数の高さに違いが出るってどういうこと？　と思う方のために私の体験を紹介させていただきます。

私自身も、過去に「この人だけは特別に素敵！」と恋い焦がれていた方との関係性では、成就しないかもしくは付き合ったとしても、必ず別れることになっていました。宇宙の法則には、「特別視」している相手とはいつか別れてしまう、というセオリーがあります。恋愛において「特別視」している相手を自分よりも上に置くことで、相手の気持ちを必要以上に気にして過度に緊張したり、嫌われたくないから自分の本心を偽ったりしてしまいがちです。このように、相手は好意的な高い周波数を放っていたとしても、過去の私は、低い周波数を放つことで、恋愛成就を無意識に遠ざけていました。

今の主人のような元々「特別視」する想いがなく、なんかこの人と一緒にいると自然に過ごせるな、楽だな、という「安心」の周波数をお互いに出せる相手とは、スムーズなお付き合いを経て結婚することができたのです。

これが、相手を「特別」に見ているのか？　それとも「対等」に見ているのか？　という違いになります。

私たちには、いちばん好きな人だからこそ、その人を「特別」に置いた時に、なぜかその人とだけは関係性がうまくいかない……というエネルギーの不思議な力が働きます。

しかし、パートナーシップの上では、結ばれる二人というのは「鏡」のような関係性です。そのため、あなたが相手の「この部分が素敵だな」と見ている要素は、必ず「あなた自身」もその要素を持っています。

……ということは、あなたが「好きな人と私は同じ要素を持っている」と気がつき、お互いの周波数の高さを合わせていくことによって、関係性がうまくいくのです。

周波数の高さをどうやって合わせていくのか？　については「恋愛のワーク③」としてご紹介しているので、ぜひ行ってみてくださいね。

もう一つ、相手との関係性がうまくいかない時の周波数の仕組みがあります。恋愛において、相手からの反応がないのにアプローチをかけすぎてしまっている時は、相手に強くエネルギーを放ちすぎています。

例えば、ある物体にホースで水を勢いよくかけた時、その物体は遠くへ飛んでいきます。このように、相手を意識しすぎてエネルギーを強く放ちすぎると、相手を遠ざけてしまうことがあります。このこともぜひ覚えておいてくださいね。

さて、恋愛を成就させるにはどうしていけばよいのでしょうか？

恋愛成就において重要なのは、相手と付き合うことで「安心」という周波数になろうとするのではなく、今この瞬間から、「安心」という周波数を自分に与えることです。

自分に「安心」の周波数を与えるということは、例えば、好きな人に求めていた気持ちを、自分自身を大切にする方向に使ってみたり、好きな人に叶えてほしかった願いを、自分自身で叶えてあげたり……ということ。

それが、恋愛成就でいちばん大切なことになるのです。

あなたが自分を満たし、「安心」する感覚に浸っている間は、高い周波数がどんどん放たれます。すると、その高い周波数に引き合うようにして、たくさんの人からなぜかモテる……ということが起きます。

ですが、そこでまた相手に好かれたい！　と他人にフォーカスしすぎて自分を犠牲にすると、あなたの周波数がまた低い周波数へと戻ってしまいます。

すると、結果としてお互いにとって居心地の悪い状態となり別れてしまう……ということが起きるので気をつけてくださいね。

相手に振り向いてほしい時こそ、自分で自分を満たしてあげて、「愛や安心」という周波数を自分に与えてみること。

この状態こそ、恋愛成就のスタートラインに立った状態です。

そして、このように自分とのパートナーシップが結ばれてから、軽い気持ちで好きな相手に接してほしいと思います。また、この状態の時に第2章の「現実創造のエネルギーワーク②」を行っていただくと、相手の反応に少しずつ変化が現れます。

最後に、自分の放つ周波数を整えているにもかかわらず、どうしても相手が振り向いてくれない……という時は、「あなたには他にふさわしい人がいるんだよ」という「未来の自分」からのサインです。

それだけではなく、**好きな人と結ばれないことによって、あなたに「無条件の愛」という最も高い周波数になるためのチャンスがやってきています。**

あなたがいちばん高い周波数になっている時＝「無条件の愛」でいる時は、相手の本当の気持ちを尊重できるようになります。

例えば、相手が「今はちょっとお付き合いできないんだ……」という気持ちだったとしても、相手の気持ちを優先してあげることができるようになります。これは、とても素敵なことです。

このように、相手の本当の気持ちを優先してあげられた時には、その高い周波数に引き寄せられるように、新しい相手が必ず宇宙から用意されるので安心してくださいね。

幸せな恋愛とは、自分で自分を愛した先に手に入るもの。

これらの周波数の仕組みを使って、素敵な恋愛をしてください。

幸せになるためのエネルギーポイント

☆恋愛においては、自分と同じ周波数の人と結ばれる

☆相手への「特別視」を手放せた時に、恋愛は成就する

☆あなたが自分とセルフパートナーシップを結び、自分自身を最も愛した時に、恋愛成就する

恋愛のワーク③

「特別視」をやめることで、自分の好きな人と周波数の高さを合わせるワーク

好きな人に対して「特別視」してしまう感情を手放すことで、相手と対等な関係性を築くことができます。憧れの人がいて、その人に近づきたい場合も行ってくださいね。

1 初めに、どうしても「特別視」してしまう相手について、「どういう部分」を素敵だと感じるのかを書き出してみましょう。

例）かっこいい／優しい／なんだか癒される…など

2 その要素と同じ部分を、あなた自身も持っていることを見てみましょう。まずは、先ほど書き出したことについて「…という要素を私も持っています」と付け足してみましょう。

例）かっこいい…という要素を私も持っています。

ここで書き出したことに対して、「自分はそうは思えない」と感じてしまう方は、それ以外に自分が長所だと感じていることを書き出してみてください。大切なのは、「好きな人も、あなた自身も、同じように素敵である」という感覚が定着することです。もし、それでも「自己否定」が抜けない方は、第2章の「クリアリングワーク」を行ってくださいね。

3　あなた自身や好きな人だけではなく、身近な友人などについても、同じように素敵だなと感じる部分を書き出してみてください。

4　書き出したことを見て、どう感じるか？　に意識を向けてみましょう。
「あなたも、好きな人も、好きじゃない人も、友人も、みんな同じく素晴らしい」と思うのか、それとも「好きな人だけ特別に素晴らしい」と思うのかをチェックしてみてください。

5　まだ好きな人だけ「特別視」してしまう感情が消えない場合は、好きな人の欠点だと感じる部分を書き出して、書いたものをしばらくじっと眺めてみてください。

6　あなたも好きな人も、同じ高さの周波数を持っているんだな……ということを少しずつ感じることができたら終了です。

そして、好きな人と会った時に、好きな人も自分も同じなんだな、という気持ちで軽く接するようにしてみましょう。

恋愛のワーク④

自分自身を愛することで恋愛成就するセルフラブワーク

恋愛成就をするために、「安心」の周波数を放てるようにするワークです。
エネルギーの向きを変えることで、相手への執着心を和らげることができます。

1　恋愛相手にしてほしいことを書き出してみましょう。
例）なんでも肯定してほしい／丁寧に扱ってほしい／○○に行ってみたい等
　そして、自分と相手二人分の絵を描き、自分から相手に向かって矢印を向けている絵を描いてみましょう。それが、自分から相手に与えていたエネルギーになります。

2　相手に向けていた矢印の向きを自分に向け、相手に求めていた欲求に対して、

「～ということを自分で叶える」と付け足してみましょう。

例）なんでも肯定してほしい…ということを自分で叶えます

3　そして、2で書いたことを自分で叶えながら、日々の生活の中で「安心」の感覚が多くなるまで行ってみてください。

4　相手に対する執着心が減ってきたら、相手に気軽にアポイントを取ってみましょう。

あなたのことが好き！だから愛して欲しい。

私は私のことが好き！彼も私を愛している。

理想の相手ではなく、宇宙が応援する調和の相手を選ぶこと

これまでは、パートナーや好きな人がいる場合のお話をさせていただきましたが、まだ恋愛の相手がいない方のために、素敵な出会いを引き寄せる周波数の仕組みについてお伝えしますね。

これから素敵な出会いを見つけたいと思っている方も、自分を満たしながら、あなた自身の周波数を高めることに取り組んでほしいと思います。

なぜなら、あなたの自身の周波数が高くなることによって、同じ周波数を持つ相手が、ちゃんとあなたの前に現れるようになっているからです。

なかには、「すでに私は、十分自分を満たして周波数を高めることができていま

す！」という方もいらっしゃることでしょう。

その場合にお勧めしたいのは、「こういう相手と付き合いたい」と望む前に、あなた自身がどういう個性を持っているのかをしっかりと把握することです。

私は何が好きなのか？　どういう性格なのか？　という特徴について、時間をとってノートなどに書き出しながら、改めて認識してみてください。

アインシュタインが「この宇宙は包括的な全体であり、秩序や見事な調和がある」と述べていたとお伝えしたように、この宇宙には完璧な調和の力が働いています。

つまり、自分の個性をそのまま認めて肯定することで、宇宙の「調和の法則」が働いて、あなたと相性がよくて、かつ足りない部分を補ってくれる相手が引き寄せられます。

宇宙全体は、完璧なパズルです。**「自分のパズルのピース＝自分の個性」**を認識することで、完璧なパズルを完成させるための新たなピースを持った素敵な相手が引き寄せられるのです。

あなたが「そのままの自分」を肯定した時に、「はい、あなたにピッタリの人を用意しましたよ！」と、宇宙の采配＝「ゼロポイントフィールド」があなたに素敵な方とのご縁を繋げてくれます。

「こんな性格の私だと、好きな人と一緒になるなんて難しいんじゃない？」と感じている個性や条件であっても、素直にそのままに書き出してみてください。

そして、書き出した「本当の自分の姿」を見た時に、あなた自身がどう感じるのかに注意してみましょう。

あなた自身が「こんな私でも、ちゃんとそのままの私を好きになってくれる人はいるのかしら？」と心配して、「本当の自分の姿」を否定する必要はありません。

むしろ、あなた自身が「本当の自分の姿」を否定していると、「否定してくれる人を望んでいるんだね」と、間違った宇宙の采配が働くので、注意してくださいね。

元々自己否定していた私の場合は、「本当の自分の姿」を見誤っていました。そのため、自分のパズルのピースとは合わない相手とお付き合いをして、別れることを繰り返していました。

しかし、自分のことをもっと大切にしたい！　と思い、自分のよさを認識して褒めるようにしたら、男性から肯定されることが増えました。

「あ、私も男性から魅力的に見られるんだ！」と、自信がついた時に「自分の本当の姿」を認識し、ありのままの自分をすべて肯定できるようになりました。

すると、その数ヶ月後には、「本当の自分の姿」をそのまま肯定してくれる夫と出会い、結婚することになったのです。

あなたが自分の長所や短所をそのまま肯定していると、理想とする相手とちゃんと出会えるようになる。これが、恋愛におけるエネルギーの法則です。

さて、あなたが自分の「本当の自分の姿」をちゃんと理解できたら、ここからは素敵な相手を「ゼロポイントフィールド」にオーダーしていきましょう。

第1章でお伝えしたように、素粒子は様々な情報を記憶し、波動はその素粒子を波として至る所に運ぶ力があります。そして、その素粒子に乗せた情報があなたの現実として現れるようになっています。

ということは、**「素粒子にどんな情報を乗せるのか」**が、あなたが素敵な相手と出会う上で重要なポイントになります。

この素粒子に乗せる情報こそ、私たちの「意図」になります。
「意図」とは、「こんな人がいいな、あんな人がいいな」という具体的な内容のこと。
あなたが「意図」を持つことによって、その「意図」を持った素粒子があなたから放たれていき、素敵な相手との繋がりが創られていくのです。

どんな「意図」を持てばよいのか考える時は、あなたの「本当の自分の姿」と合わせながら、遠慮なく考えてみましょう！　ここでも、宇宙の完全な調和の力を信頼した上で考えてみてくださいね。

恋愛のワーク⑤

自分の個性を知り、自分と相性のよい人を見つけていくワーク

本当に自分に合った相手がどんな人かを知りたい時。

このワークで、本当に自分に合った人を認識した上で、「恋愛のワーク⑥」を行うと効果的です。

1　あなたが自分に対して感じている長所と短所を書き出してみましょう。

長所

短所

2　宇宙から自分を見た時に、あなたと調和がとれる相手とはどんな相手か考えてみましょう。その相手の長所と短所を書き出してみましょう。

長所

短所

3　あなたが理想とする相手はどのような人か書き出してみましょう。思いついたことを自由に書いてみましょう。

4　調和がとれる相手と理想とする相手を見比べ、本当に自分にとって望ましい相手はどんな人か考えてみましょう。

素敵な相手を求めている時には、

- **日々、自分自身の周波数を整えた状態で過ごす**
- **自分の個性を知り、自分と調和する相手を「意図」する**

というポイントを押さえると、あなたには素敵な相手が現れる準備がちゃんとできたことになります。

この時に、ふと思いついた友人に「こういう人と付き合いたいと思っているんだけど紹介してほしい」とお願いしたり、あるいはネットワークを使ったマッチング機能などを活用するのもよいと思います。

このように、友人やネットワークの力を借りることによって、あなたのエネルギーが届く範囲を超えた、素晴らしい繋がりを生み出すことができます。

周波数が高い状態で、「意図」を乗せた素粒子を拡散させること。

そして、時には人やネットワークなどの力を借りながら、たくさんのフィールドに自分のエネルギーの情報を伝えていくこと。それが、あなたが素敵な人に出会うための秘訣なのです。

幸せになるためのエネルギーポイント

☆素敵な相手を探している時は、まず自分で自分を満たしながら、自分を高い周波数に整える

☆「本当の自分の姿」をきちんと把握して、自分のすべてを肯定すること

☆自分と調和がとれる相手を見極めて、「意図」を持ち宇宙にオーダーする

恋愛のワーク⑥

素敵な相手と出会うために、宇宙ネットワークにオーダーする方法

あなたと本当に調和する相手を見つけたい時に活用してください。

1 まずは、リラックスした状態になりましょう。その状態で心地よく過ごしていると、自分の身体から約20センチ離れたところに金色の光が広がっていて、あなたの全身を包み込んでいるのをイメージしてください（金色の卵に包まれているような状態です）。

2 その金色の光はネットワークのようになっていて、すべての人や物、さらには地球全体と繋がっているんだ、という感覚を持ってみましょう。金色の光の先に、様々な存在との繋がりがあると思っていただくだけで大丈夫です。

宇宙ネットワークにオーダーしてみましょう

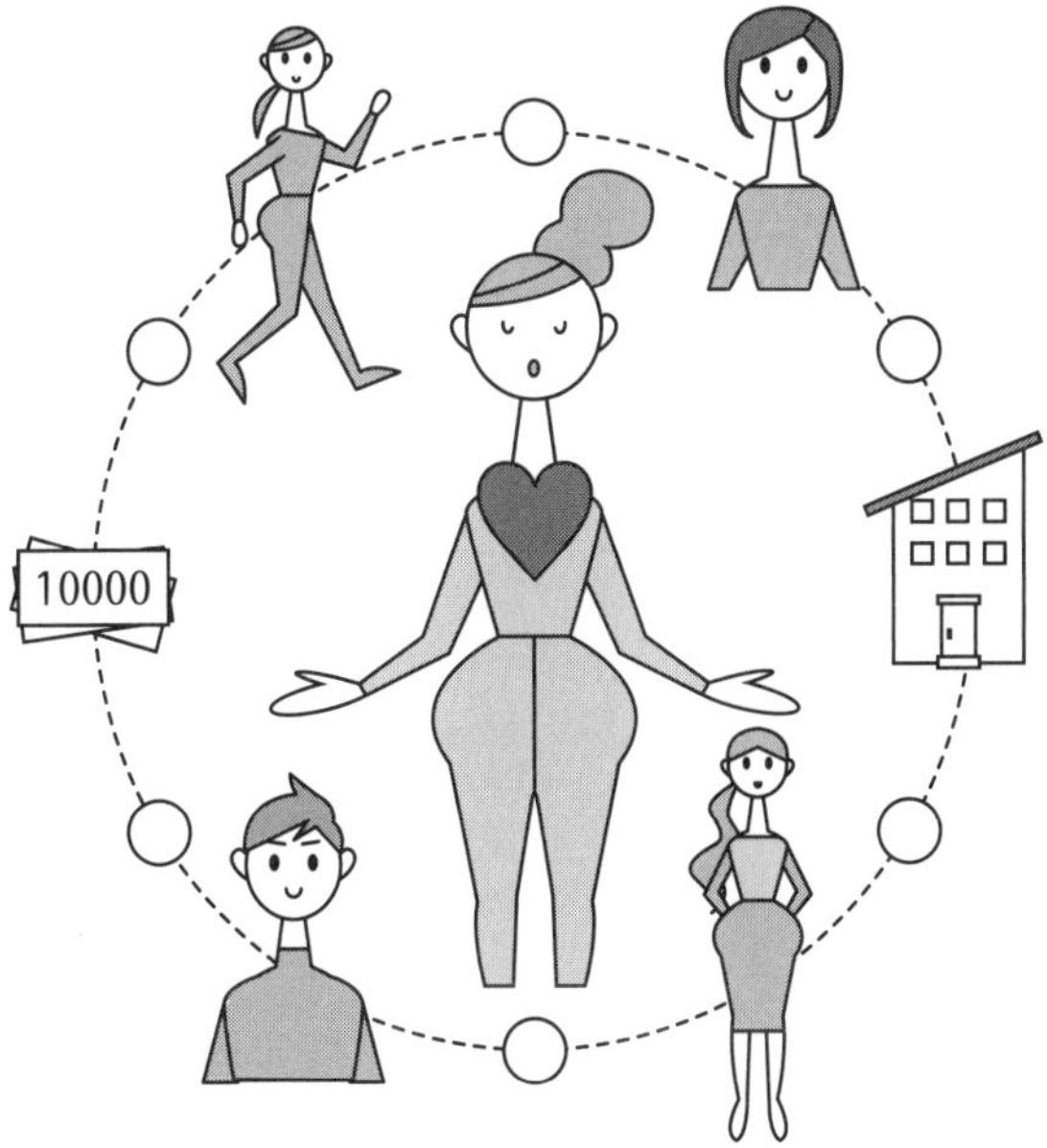

あなたのエネルギーは地球上のすべての人と繋がっている。エネルギーに意図を乗せて放つと必ずすべての人やものに届いている。

3　2がイメージできたら、あなたの目の前に一つの光の玉があるのをイメージしてみてください。その光の玉の中に、あなたが考えた情報がどんどん吸い込まれていきます。まずは、その光の玉に向かって、あなたの自己紹介をしてみましょう。次に、自分と調和する相手の特徴を伝えてみてください。例えば、「私の名前は○○です。私と調和する人は○○のような人です」といったように。

4　あなたの情報が入った光の玉をゆっくりと両手で持ち、イメージの中で身体を包んでいる金色の光の中に溶け込ませてみてください。そして、溶け込んだ玉が金色の光のネットワークに乗って、たくさんの人に届いているのを感じることができたら終了です。

あとがき――何があっても安心して、幸せでいてください

時間とは、過去と未来の両方から流れてきている。

それを、量子力学の仕組みで知った時に、私は自分の生まれてきた環境について、心からの感謝が湧きました。

だって、本当はすでにこの人生を終えた後の自分がいて、その自分が「この家族なら、私が必要な体験ができる」と思って選んだのだ、ということがわかったから……。

私のスピリチュアリティの学びは、生まれの家族関係の問題からスタートしていて、その家族をどう赦していくのか、ということが大きなテーマだったと思います。

今は、本当にこの家族でよかった。父も母も、無条件に愛を注いでくれていたことがわかった。これがあったから、今の私がある……。そう思います。

あなたが抱えている問題は、最大のギフトだということが腑に落ちた時に、すべての現実が幸せなものにひっくり返ります。

この本を手にしてくださった皆様、本当にありがとうございました。

それぞれの想いがあって、この本を手に取ってくださったと思います。

もし、あなたが今、問題の中にいるとしたら……。「量子力学的な、時間軸」について、想いを馳せてみてください。

すでに、その問題を昇華して幸せに生きている自分がいることを、必ず信じてください。そして、心からの幸せを得るために、この本にあるワークを活用してみてくださいね。これらのワークは、いちばん私自身が活用していて、本当に効果があるので。

もし、どのようにワークを実践すればいいのかわかりづらい方は、「スピリチュアル

ＩＭＡ　まきろんｃｈ」というYouTubeチャンネルで紹介しているので、検索してみてくださいね。

なかには、マニアックなエネルギーの仕組みを知りたい、という方もいらっしゃったのかなーと思います。が、今回の本は、エネルギーを知らない方や、日常にどう活かすか？　というところをメインに書かせていただきました。いつか、マニアックなエネルギーの世界をお伝えできたら……なんて、ちょっぴり心に秘めています（笑）。

この本は、徳間書店の武井章乃さん、出版＆ＰＲプロデューサーの了戒翔太さん、出版プロデューサー兼ライターの有島伶さん、そして、たくさんの方々に支えていただいて作られた本です。

私の出版自体を応援くださっているグループの方々、堀内恭隆さん、リュウ博士をはじめ、たくさんの著者の先輩。すべてのご縁のきっかけをくれた、アトムさん。私のメンタルを支えてくださっていた佐川奈津子さん。大切な家族、友人……。本当にありがとうございました。

そして、改めてこの本を手に取ってくださったあなたに、心からの感謝を。

あなたは、神様と同じ力を持った存在です。これはもう間違いありません。

だから、何があっても安心して、幸せでいてください。

皆様の幸せをいつも祈っています。

2021年3月吉日

まきろん

ネガティブエネルギーをリセットして周波数を一気に高める

本書限定遠隔ヒーリング動画 をプレゼント!!

・自分の力ではなかなかハートが開けない
・自分のエネルギーを浄化したい
・ハートの感覚がわからない
・ハートに重たさを感じている

という方のために、遠隔エネルギーヒーリング動画を作りました。本書をご購入いただいた方限定で、見ていただくだけで、ハートの重たさがクリアになり、エネルギーが浄化される遠隔ヒーリング動画をプレゼントします。あなたのハートが、本来の力を発揮することで輝かしい人生となりますように……。

動画の入手方法

1　下記のアドレスにアクセスする
2　あなたのお名前とメールアドレスを入力する
3　「読者登録」ボタンをクリック
4　あなたのメールアドレス宛に送られたメールを確認する
5　プレゼント動画を GET する

◆下記のアドレスにアクセス

https://resast.jp/subscribe/158586

QR コードからもアクセスできます。

QRickit

まきろん
エネルギーコンサルタント。
1992年5月3日生まれ。幼少期より様々なスピリチュアル能力を持ち、宇宙存在との交流を行なっていた中で、家庭環境の複雑さから心理学・医学を学ぶ学生時代を過ごす。
その後、医療従事者（作業療法士）として働くも、導かれるようにスピリチュアルの仕事をする事になり現在に至る。宇宙の法則、量子力学を用いた講座や、エネルギーワーク・霊的能力を用いたコンサルティングでは、実際にパラレルワールドが変わったとの評判が多い。3年で1200人以上の方をセッション。特に個人セッションは数分で満席になるほどの人気がある。夫と子供2人の4人家族。

HP　http://ima5x3moon.life/
YouTube　【スピリチュアル　IMA　まきろんch】

「周波数」を上げる教科書
世界一わかりやすい 望む現実を創る方法

第1刷　2021年3月31日

著　者　まきろん
発行者　小宮英行
発行所　株式会社徳間書店
〒141-8202　東京都品川区上大崎3-1-1
目黒セントラルスクエア
電話　編集(03)5403-4344／販売(049)293-5521
振替　00140-0-44392

印刷・製本　大日本印刷株式会社

ISBN978-4-19-865263-0